活动 1-1 掠影

活动 1-2 掠影

活动 1-3 掠影

活动 2-1 掠影

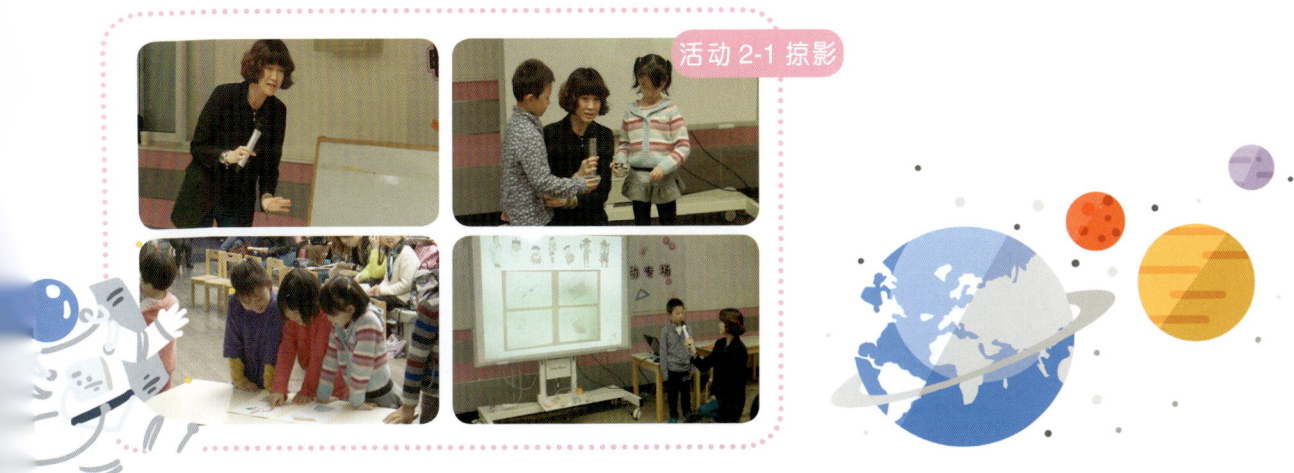

活动 3-2 掠影

活动 3-3 掠影

科学区角活动

李慰宜教师培训学校
LIWEIYIJIAOSHIPEIXUNXUEXIAO

幼儿园教师胜任力培训丛书

上
微课版
ke xue
施燕 主编

幼儿教师
基本功

华东师范大学出版社

图书在版编目(CIP)数据

幼儿教师基本功.爱上科学/施燕主编.—上海:华东师
范大学出版社,2019
　ISBN 978-7-5675-9156-1

　Ⅰ.①幼…　Ⅱ.①施…　Ⅲ.①科学知识-幼教人员-
教师培训-教材　Ⅳ.①G613

　中国版本图书馆 CIP 数据核字(2019)第 081345 号

幼儿教师基本功：爱上科学

主　　编　施　燕
项目编辑　刘　雪
审读编辑　刘　雪
责任校对　李琳琳
装帧设计　俞　越

出版发行　华东师范大学出版社
社　　址　上海市中山北路 3663 号　邮编 200062
网　　址　www.ecnupress.com.cn
电　　话　021-60821666　行政传真 021-62572105
客服电话　021-62865537　门市(邮购)电话 021-62869887
地　　址　上海市中山北路 3663 号华东师范大学校内先锋路口
网　　店　http://hdsdcbs.tmall.com

印 刷 者　上海昌鑫龙印务有限公司
开　　本　787 毫米×1092 毫米　1/16
印　　张　9.5
插　　页　2
字　　数　159 千字
版　　次　2019 年 6 月第 1 版
印　　次　2023 年 6 月第 3 次
书　　号　ISBN 978-7-5675-9156-1
定　　价　42.00 元

出 版 人　王　焰

(如发现本版图书有印订质量问题,请寄回本社客服中心调换或电话 021-62865537 联系)

前言

PREFACE

《幼儿教师基本功：爱上科学》是上海"李慰宜教师培训学校"的"爱上"系列中的一本。如同该系列的其他几本一样，本书是以为教师开展的专题培训内容为蓝本编写而成的。

《幼儿教师基本功：爱上科学》秉承一个核心理念：幼儿科学学习的核心是激发探究兴趣，体验探究过程，发展初步的探究能力。书中无论是实践活动的案例，还是各位"导师"的专题讲座，都围绕着这样一个核心理念展开。

《幼儿教师基本功：爱上科学》至少有两种解释：一是我们的孩子是在有目的、有计划的教育的影响下，爱上了科学、爱上了科学活动。对周围自然界的探索与学习，从来就是年幼儿童的兴趣点，他们以自己的心智去探索周围的自然界。正是在这些我们成人认为微不足道的探索与学习，以及亲身经历、体验了解自然界的过程中，幼儿积累了大量有关自然界的经验，从而培养了他们初步的科学探究能力，增进了他们对周围自然界亲近与喜欢的情感和态度。二是我们的幼儿园教师通过和幼儿一起的游戏和探究，爱上了科学、爱上了"上"科学活动。在人们的心目中，以女性为主的幼儿园教师，往往会对科学和科学活动产生一些惧怕，因为连教师自己也无法明确这些科学现象，又如何去教幼儿？本书中用大量的案例说明幼儿园教师不仅能"教"幼儿亲近自然、喜欢探究，而且可以在和幼儿一起探究的过程中会真正地爱上科学！

《幼儿教师基本功：爱上科学》具有三个突出特征：一是编著者集结了学前教育领域理论与实践不同层面的人员，即高校教师、教学研究人员、园长和幼儿园一线教师。团队中既有年轻的新秀教师，又有成熟型的骨干教师，还有资深的特级教师和特级园长。二是主题内容聚焦了科学探究领域新近的热点和难点，即《3—6岁儿童学习与发展指南》（以下简称《指南》）、集体科学活动设计、科学游戏开展、幼儿园科学探究环境与材料的创设，等等。三是呈现方式整合了图片与文字、静态文本与动态视频，即读者既可以通过文字和图片的内容来阅读，还可以对照相应的视频进一步深入地了解活动过程。

《幼儿教师基本功:爱上科学》拥有四个研讨板块:一是"导读",主要介绍了每一主题研讨的核心内容和方法,以及通过该主题幼儿园教师和幼儿能够获得的科学经验和能力,可使读者对本主题中的具体内容产生比较清晰的认识。二是"活动展示及评析",详细介绍了与"主题研讨"对应的几个实践活动的设计方案,并提出有关设计方案的思考问题,进而以"活动反思"和"活动评析"的方式,展现了幼儿园教师和"导师"对活动的思考,可使读者提升对活动价值的理性认识。同时,读者可通过扫描每个活动后附录的二维码观看活动现场实录。三是"主题研讨",由五位专家领衔,就"基于《指南》的幼儿科学教育"的主题,深入浅出地从理论和实践两个方面进行讲解和剖析,帮助广大幼儿园教师将先进的教育理念转化为切实可行的教育行为。四是"任务体验",在"主题研讨"后设置了"任务体验"这一栏目,旨在联系实践活动让读者进一步思考该主题的核心内容,并在思考问题的过程中将之尝试运用。以上四个研讨板块构成了每一个主题的具体内容。

《幼儿教师基本功:爱上科学》包含五个主题内容:一是"基于《指南》的幼儿科学教育"(由施燕负责编写),在总体上对幼儿科学教育的理念与实践进行阐述。二是"幼儿科学活动内容选择及环节设计"(由刘树樑负责编写),重点放在如何根据发展目标对内容进行选择,以及主要环节的设计。三是"幼儿园科学教育活动的设计与指导"(由高一敏负责编写),在上一主题的基础上,进一步讨论科学活动设计与指导的问题。四是"幼儿园区角科学游戏的设计"(由李建君负责编写),重点讨论了幼儿科学学习的重要途径——个别化科学活动。五是"幼儿园科学活动环境与材料的创设与利用"(由蒋静负责编写),从环境和材料的角度,继续探讨幼儿园如何对幼儿的科学学习提供支持。

正如一开始所说的,本书是以为幼儿园教师开展的专题培训为蓝本编写而成的读本,而培训过程中会有很多互动过程和不确定的因素,并且也会受到时间限制,加上将之转换为文本的过程也颇为困难和耗时,所以本书难免会有一些不周全之处,我们衷心希冀读者们指正。

|目录|

|目录|

CONTENTS

|目录|

CONTENTS

第一讲

基于

《指南》的

幼儿科学教育

导 读

　　幼儿科学活动的核心是什么？此讲基于《指南》的精神,明确了幼儿科学活动的核心是"探究",展示了幼儿对生活中常见事物与现象的探索,并提出了要把握好科学探究的三方面思考:一是关注幼儿科学探究领域的核心经验,二是引导幼儿亲历科学探究的过程,三是优化幼儿科学探究的途径。

脚趾头起名字（中班）

诸佩利

活动目标

1. 观察画面中符号代表的表情，感知并区分字母、数字、音乐、颜色等类别，学习用分类的经验给脚趾起名字，并用相应的词语描述。

2. 大胆猜测脚趾头的心理，感受给脚趾头起名字的幽默与滑稽。

活动准备

1. 幼儿已在"我们的身体"主题中对小手和小脚有主题经验，知道五个手指的名字。

2. 故事《脚趾头起名字》的 PPT，自制幼儿阅读的故事小书。

活动过程

一、封面导入，引发兴趣

提问：我们来看这本故事绘本的封面，这个故事可能讲的是关于谁的故事呢？故事的主人公是脚趾头，你们认为脚趾头开心吗？

（引导幼儿观察画面，说出自己的想法）

图 1　教师用故事绘本的封面导入活动

过渡语：脚趾头为什么不开心，我们一起来看下一页就知道了。

（用语言联系前后画面，让幼儿感知画面信息）

 **小结**

原来是因为手指头有自己的名字,但是脚趾头却没有。于是,脚趾头不开心了,它们也想有自己的名字。

二、观察画面,大胆猜测与表达

1. 为第一个脚趾起名字:引导阅读

(为幼儿自主阅读做准备)

讲述画面:最大的脚趾说没有名字没关系,我们一起来起名字,我先来!

重点提问:老大起了什么名字?大家同意吗?你从哪里看出来不同意?其他脚趾头会怎么说呢?

2. 为其他脚趾起名字:自主阅读

过渡语:老大起的名字大家都不同意,那么其他四个脚趾会起什么名字呢?

阅读重点及要求:

(1) 是谁在起名字?它们用什么来起名字?

(2) 请幼儿人手一本书自主阅读,轻轻与同伴交流。

图2 幼儿自主阅读,教师进行个别指导

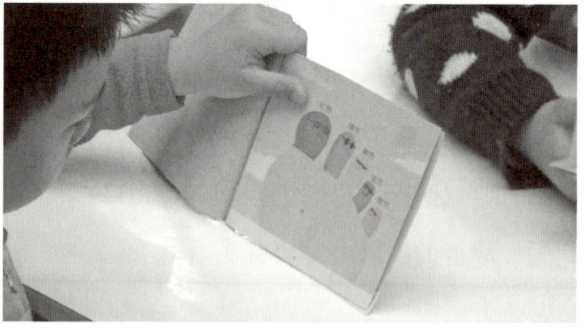
图3 幼儿自主阅读

交流分享:说说你看的是第几页?这页上是谁在起名字?用什么起名字?

(引导幼儿使用"我用……起名字"作为分享的开头语,以增强类概念)

图4 幼儿分享自主阅读的发现

就像你们说的那样,第一个脚趾用字母起名字,第二个脚趾用有用的数字起名字,第三个脚趾用好听的音乐起名字,第四个脚趾用漂亮的颜色起名字,第五个脚趾用好吃的水果起名字。

3. 为五个脚趾起什么名字来出主意

回顾绘本内容:脚趾头都想用自己起的名字,你们还记得它们起了哪些名字?各用什么来起名字吗?

(教师用 PPT 依次呈现图片进行梳理归类,引导幼儿回忆图画书内容)

交流与讨论:五个脚趾谁也不让谁,到底听谁的呢?该怎么解决这个问题呢?

(教师不说出故事的结局,先让幼儿充分表达自己的想法)

达成一致意见:谢谢孩子们的建议,脚趾头最后达成了一致的意见,我们一起看看它们共同的决定是什么。

所有的脚趾头决定采用各自喜欢的名字,真是太有趣了!

三、经验迁移,大胆想象

过渡语:这个有趣的故事名字叫《脚趾头起名字》,现在每个脚趾都有一个与众不同的名字了,手指头们好喜欢它们的名字,它们想:我们的名字能不能也好玩一点呢?

提问：你们想给手指头起什么好玩的名字呢？

（积极鼓励幼儿说出自己的想法，并引导幼儿说一说是根据什么类别起的名字）

活动延伸

请幼儿回家后为爸爸妈妈的脚趾头起好玩的名字。

想一想

　　1. 幼儿会给自己的脚趾头起什么样的名字呢？

　　2. 如何判断幼儿已获得较为清晰的类概念？

活动反思

　　"脚趾头起名字"活动比较特殊，是一个基于绘本的科学活动。当时之所以把它作为科学领域的活动，就是因为它很难得地运用到了分类的经验，而且内容本身非常有趣，也比较吸引幼儿，能引发幼儿的学习兴趣，所以活动主要定位在学习分类这个目标上。

　　从活动设计来看，整个设计要考虑到幼儿的特点和水平。中班下学期的幼儿逻辑思维开始萌芽，他们在积累生活中各类事物经验的基础上，能通过教师的指引理解基本的类概念。所以设计的重点是让幼儿通过绘本的内容梳理已有经验，然后引导幼儿迁移，用他们已有知识经验来形成类概念。

　　从具体的活动过程来看，整个过程设计分为三个环节：第一个环节是运用绘本封面引出学习内容，有趣且简短，并且需要幼儿探究"脚趾头不开心，它们也想有自己的名字"这个问题。第二个环节是运用"阅读绘本内容—具体阐述经验—梳理提升"的方法得出类概念，从而帮助幼儿学习。在这里用了"它们用什么来起名字"引导幼儿说说这一类物体的名称。在阅读绘本的基础上，让幼儿进行交流分享，引导幼儿使用"我用……起名字"作为分享的开头语。应该说在这个环节，并不是每位幼儿都能非常清晰地理解类概念，所以在小结中教师帮助幼儿进行了提升，如，第二个脚趾头是用数字起名字，用数字起名字的方式真有创意等。第三个环节是引导幼儿根据已有经验进行迁移，尝试为手指头们起名字。在整个活动中，我运用了和一般科学探究活动不同的方法，主要采用的是阅读的方法。活动中的阅读是建立在幼儿已有经验的基础上的,然后利用幼儿的已知经验来帮助他们建立类概念。

本活动也有需要改进的地方,其一是太过忠实于绘本的原有内容,应该可以在此基础上进行一些改动,以使其更适合幼儿的水平;其二是可以运用游戏的方式让幼儿在第二个环节为脚趾头起名字,以此强化他们对类概念的把握。

活动评析

对于学前儿童科学教育而言,建立初步的类概念,是中班幼儿在科学探索发展过程中的重要内容。以往,我们的科学教育比较抽象、单调。然而,在本活动中,执教老师用一本非常幽默的故事绘本开展教学,通过师幼之间宽松、自然的互动,达到了活动的目标。在活动中,教师不仅能和幼儿有自然、亲切的互动,而且能敏锐地发现幼儿在活动中的表现,并及时给予引导、鼓励与支持。

本活动的重点是发展幼儿类概念及能力。人体、水果等这些幼儿已经掌握的关于事物的经验,是属于比较大量的、在日常生活中就能积累和学习的经验,但幼儿通过自身的接触,还不能建立关于这些事物的类概念。在本次活动中,教师通过和幼儿的互动,帮助他们对类概念进行了梳理和提升,例如,用红、黄、蓝起名字的都属于颜色,用同一类的方法起名字真有趣。

在绘本中,每一个脚趾头给大家起的名字都不是无序的,而是同一类物体的名称。幼儿分类的发展,是先按照基本类别分类的能力,然后才是上位水平,最后才是下位水平的类别。基本水平的类概念是表象和形象思维的基础,在幼儿的认知发展中起着重要的作用。在这个活动中,教师是以基本的类概念与幼儿已有经验为基础,给予幼儿类概念,如数字、颜色,然后在幼儿学习与巩固类概念的上一级水平概念的基础上帮助他们学习迁移,让幼儿自己给脚趾头起名字,即使用类概念的方式,先给每一个脚趾头起名字,然后说出类的名称。

一个具体的教学现场,还会为我们带来许多思考的话题。在该活动中,有以下一些内容是值得我们深入思考的。

第一个话题:如何把握故事绘本与开展科学活动之间的关系?幼儿类概念的建立,是从抽象到具体,还是从具体到抽象,这是值得探讨的内容。在本活动中,老师先给幼儿概念 A、B、C、D、E,然后让幼儿再去迁移,这更多的是从抽象的层面到具象的层面。那能不能先出示个表格,如果第一个脚趾起的名字是 A,那第二个脚趾可以取什么名字?幼儿可能会说颜色,可能会说图形,也有可能会说数字,这时再请他们比较一下哪个名字是最好的,并说出为什么。因为 A、B、C、D、E 都是英文字母,对于幼儿来说过于陌生。从具体到抽象的过程,更符合幼儿的认知和思维特征,这是我们在科学活动中应该去把握的,也是我们运用绘本进行科学活动所应当注意的。

第二个话题:绘本中的内容与情节是否能做些调整?在绘本中有个内容,是当名字取好后大家都不高兴了,也许是因为它取的名字又变了,有的说"我要取字母名字",有的说"我要取数字名字"。遇到这种情况,应该怎么办?执教老师可以让幼儿去想办法,问问他们:当它们有不同意见的时候,你们觉得怎么去解决这个问题?由此引发幼儿的思考:为什么星期一都是字母的,星期二全是数字的,星期三都是……让幼儿的经验在原有的基础上得以提升,以此达到让幼儿感知并区分类别的活动目标。活动中的幼儿不仅对类概念有了很好的理解,而且还能进行迁移,迁移到瓶子、家具、形状等,这说明活动还是很有效的。另外,我们要把握阅读过程中的科学探究性,如果绘本是从幽默、趣味的角度出发,那我们就应当思考如何从科学的角度出发来有效地运用绘本。

（点评专家：李建君）

扫一扫,获取现场
活动视频

滚筒进山洞（大班）

徐淼鑫

活动目标

1. 能与同伴合作，尝试运用不同的方法来改变滚筒的滚动路线。
2. 能大胆清楚地与同伴交流自己的发现，并体验探索的乐趣。

活动准备

图1 活动所需的材料

经验准备：幼儿已认识并了解实验所用的材料。

物质准备：

1. 场地布置：一定坡度的斜坡、山洞、篮筐等；

2. 探究材料：薯片桶、泡面桶、牛奶杯、饮料罐、打包盒、一次性纸杯若干等；

3. 探究工具：海绵胶、透明胶、双面胶、缎带、毛根、剪刀、粗细不同的头绳、橡皮筋等。

活动过程

一、导入活动——引出探索主题"滚筒进山洞"，激发幼儿兴趣

提问：孩子们，你们喜欢玩游戏吗？今天我们来玩一个滚筒进山洞的游戏。

二、第一次实验交流——通过交流讨论,猜测哪些滚筒会进山洞,再操作实验材料进行验证

1. 介绍材料

重点提问:仔细看,这里有哪些滚筒?(重点介绍幼儿不太熟悉的材料,有助于后续幼儿的交流表述,为分享交流做铺垫)

重点提问:哪些滚筒能滚进山洞呢?(目的:激发幼儿探究兴趣,先猜测后验证,鼓励幼儿积极交流自己的猜测与想法)

2. 交代规则

(1)当音乐结束时要完成实验,并回到座位。

(2)拿起滚筒放在山坡的指定位置,让它自己滚进山洞,不要用力去推它。

(3)实验结束时,将能滚进山洞的滚筒放在旁边的篮筐里,不能滚进山洞的放在原处。

3. 幼儿分组操作

观察重点:幼儿是否能遵守规则进行操作,是否通过实验验证了自己的猜测。

指导重点:引导幼儿尝试使用各种材料进行实验。

图2　幼儿尝试用一次性纸杯进行实验　　　图3　幼儿尝试用饮料罐进行实验

4. 交流讨论

重点提问:为什么有些滚筒能滚进山洞,有些不能?

教师小结:两头粗细相同的滚筒能直直地滚进山洞,两头粗细不同的滚筒会拐弯,不能滚进山洞。

三、第二次实验交流——通过猜测与实验验证,发现两头粗细不同的滚筒总是向细的那头滚动

1. 重点提问

两头粗细不同的滚筒,会往哪头拐弯?（目的:引发幼儿回忆思考,鼓励幼儿进行大胆猜测,进而通过实验验证,提升科学素养）

图4　教师鼓励幼儿进行投票猜测

2. 投票猜测

请幼儿根据自己的猜测进行投票选择,并鼓励幼儿说出自己的理由。

3. 幼儿分组验证

交代规则:

（1）用两分钟进行实验,音乐结束后回到座位。

（2）滚筒放在山坡指定位置,让它自己滚进山洞,不要用力去推它。

（3）实验观察结束后,把滚筒放回篮筐里。

观察、指导重点:幼儿能否使用滚筒进行实验,以及能否与同伴一起进行判断与验证。

4. 交流讨论

重点提问:不同粗细的滚筒,到底会往哪头拐弯呢?

教师小结:滚筒无论大小,只要两头不一样粗细,总是会往细的那头拐弯。

四、第三次实验交流——借助材料,尝试改变两头粗细不同的滚筒的运动路线,以使其滚进山洞

1. 关键提问

如何让两头粗细不同的滚筒不拐弯,也能直直地滚进山洞?（目的:先猜测再借助材料实验,启发幼儿的科学思维,并体验科学探索的乐趣）

2. 幼儿操作

交代规则:

（1）当音乐结束时,完成实验回到座位。

（2）用辅助材料对滚筒进行改造，将其放在山坡上的指定位置，让它自己滚进山洞，不能用力去推它。

（3）将实验成功的滚筒作品放在作品展示桌上。

（4）实验结束后，将用好的其他材料放回材料库。

观察重点：幼儿能否借助辅助材料，尝试用多种方法解决问题。

指导重点：引导幼儿尝试使用不同的材料和方法进行实验。

图5　幼儿合作将一次性纸杯粘在一起　　　　图6　幼儿使用改造后的材料进行实验

3. 交流讨论

你用了哪些材料，用了什么方法改造滚筒？改造后的滚筒滚进山洞了吗？

预设幼儿可能用到的方法：

（1）改变物体一端的形状——将粗的一头变细或将细的那头变粗。

（2）改变物体与斜坡接触面的形状或大小（如，加粗中间，使两头平衡）。

图7　一组幼儿现场演示改造后的滚筒进山洞实验

（3）将两个物体对称连接，使物体两端粗细一致。

（4）借助体积较大、两头同样粗的物品（如将体积小的物品放进大的里面）。

活动延伸

请幼儿思考，如果在两头一样粗细的罐子里放了块石头，它还能不能顺利滚进山洞呢？（引发幼儿继续探索的兴趣）

1. 在第二次实验交流中,教师为什么先提出"两头粗细不同的滚筒,会往哪头拐弯"的问题然后再让幼儿验证?而不是先实验操作,再交流?

2. 除了活动中预设幼儿可能用到的方法之外,你认为幼儿还会用哪些方法来改造滚筒呢?

3. 如果你来组织该活动,会选择哪些材料供幼儿进行操作与探索呢?

活动反思

从设计来看,整个活动分为三个环节,也代表了幼儿思考的三个层次,都是由问题引发的:

一是预测哪些滚筒能进山洞,哪些不会进山洞?发现两头粗细相同的滚筒能进山洞,两头粗细不同的滚筒不能进山洞,而是朝一边拐弯。

二是探究两头粗细不同的滚筒,会朝哪个方向拐弯?发现两头粗细不同的滚筒会朝向细的那头拐弯。

三是思考怎么才能使两头粗细不同的滚筒滚进山洞?教师提供各种材料,幼儿思考并借助材料来改变滚筒,以解决问题,使其能进到洞里。

这样的思考推进层次是根据幼儿的发展特点及其现有的实际水平设计的:幼儿在科学活动中先看到现象,然后才是看到具体物体的不同,这是幼儿具象思维的表现。

根据这样的设计思路,在活动的安排上,我做了如下具体的安排:

先用游戏的方式引起幼儿的兴趣,第一次提出问题"哪些滚筒能进山洞",从而通过这个问题成功地引起幼儿的注意。为了使幼儿能尽力尝试,在第一次实验时,教师的指导重点是放在幼儿能否尝试使用各种材料进行实验上。在实验后的问题是"怎样的滚筒能进山洞",这是很具体的提问,然后问"为什么"这引发了幼儿对不能进山洞的滚筒形状的关注。

第二次提问。当幼儿发现了滚筒的情况后,我又设计了关键性问题:两头大小不一样的滚筒,会朝哪头拐弯?这是基于幼儿之前只是关注了会拐弯,但是并没注意到往哪一头拐弯而提出的,这里要求幼儿运用比较细致的观察方式来对物体的结构及其功能之间的关系做推断。幼儿最后得出的结论是滚筒会往细的那头拐弯。

第三次提问。幼儿已经发现了滚筒拐弯的方向,我适时地提出问题:如何让这些滚筒不拐弯?让幼儿根据自己的猜测,在滚筒上加上不同的材料,用不同的方法进行尝试。

总体来说,在这样的设计思路的基础上,幼儿能层层递进地进行探究,基本达成了活动的目标。

活动评析

在这个科学活动中,执教老师和孩子们一起通过运用非常简单易得的生活材料,去发现某一科学现象,整个过程非常有趣,孩子们也非常快乐。在这快乐、有趣的背后,是执教老师严谨而又理性的思考,这值得我们思考和学习。执教老师严谨的思考,具体体现在对活动中科学现象的分析解读,以及对幼儿认知特点及水平的把握上。

先来看活动中设计的三个现象:第一个是发现怎样的滚筒可以滚进山洞,这里能进山洞的滚筒要求是两头的粗细是一样的;第二个是发现当两个粗细不同的滚筒滚过去时,是朝粗(大)的那头滚,还是朝细(小)的那头滚;第三个是当滚筒粗细不一样时,通过辅助材料让滚筒发生改变,进而滚进山洞。这些都与物体现象有关,即能发现常见物体的结构和功能之间的关系。两头大小不同的滚筒在滚动时会拐弯,只有两头一样大小的才能滚进山洞。从概念上来说,物体能否滚动受其形状的限制。物体自身的形状影响物体运动的方向和轨迹,即不同形状的物体有不同的滚动路线。在《指南》中的"科学探究"目标2指出,幼儿"具有初步的探究能力";在5—6岁的典型表现中提到,他们"能通过观察、比较与分析,发现并描述不同种类物体的特征或某个事物前后的变化"。本活动的目标"尝试运用不同的方法来改变滚筒滚动路线"即是在探究不同种类物体的特征。执教老师对以上三个现象解读得非常清楚,还包括对材料的解读与对规则的解读,这为整个活动的顺利开展奠定了基础和保障。

我们在活动中看到了孩子们在老师"游戏化"的活动组织下,进行着自主性的学习。在活动中,老师鼓励幼儿能用一定的方法验证自己的猜测,如运用改变滚筒的形状来改变滚筒的滚动路线,老师在每次探究前都让幼儿进行猜测,先思考。《指南》中提出:"鼓励幼儿根据观察或发现提出值得继续探究的问题,或成人提出有探究意义且能激发幼儿兴趣的问题。"如:皮球、轮胎、竹筒等物体滚动时都走直线吗?在本活动中,老师不断提出问题,鼓励幼儿自己猜测和发现科学现象,同时也创设条件,鼓励幼儿在活动的过程中与同伴充分讨论、分享与互动。

最后，我们一起来思考本活动还有哪些方面可以进行优化。第一，科学实验的变量应当严格控制。虽然说幼儿的科学游戏应是十分生动的，但还是要确保其科学的严谨性。如滚筒滚进"山洞"，即盒子的位置可以是固定的。第二，老师在执教过程中还可以及时抓住教育的契机，如在第二次实验前讨论"两头粗细不同的滚筒，会往哪头拐弯时"，很多幼儿通过实验都会说出往小的（细的）那个方向，只有一名幼儿说两边都会。这个可能是因为该幼儿实验方法的问题，也可能是因为他自己记错了，但这是一个很好的讨论契机。由于老师没能及时捕捉到，便错过一次让幼儿自己发现错误再进行验证的机会，也可以说是失去一次发展的机会。

（点评专家：李建君）

扫一扫，获取现场
活动视频

玩瓶（大班）

薛晓琴

活动目标

1. 幼儿通过瓶子游戏，尝试发现用水瓶看物体发生的有趣现象，乐于探索物体变化的秘密。

2. 能用语言表述自己的发现和分享自己的经验。

活动准备

1. 空瓶子和装满水的瓶子。（同幼儿人数）

2. 小卡片、记录卡。

3. 自制课件PPT：有趣的玩瓶照片。

4. 视频：神奇的小鸭子、瓶子实验室。

活动过程

一、"比一比"——比较透过空瓶子和装水瓶子往外看的不同现象

重点提问：

1. 最近我们都在玩瓶子，瓶子可以怎么玩？

2. 我们来玩"瓶子眼镜"的新游戏，透过这个空瓶子眼镜，你能看清楚我吗？

小结

瓶子是透明的，透过透明的瓶子能看清许多东西。

3. 如果在瓶子里加点东西,还能看清楚吗?

(鼓励幼儿大胆表达自己的想法,并说出自己的理由)

4. 今天用装了水的瓶子来做实验,透过这个瓶子往外看,会看到什么奇怪的现象?还会发现什么好玩的现象?

图1 与幼儿一起玩"瓶子眼镜"的游戏

二、实验"看一看"——发现透过装水的瓶子往外看的现象变化

1. 幼儿第一次玩瓶实验

(1)介绍实验材料:一个装满水的"瓶子眼镜"和一张印有大明星的卡片。

(2)交代实验要求:透过装了水的瓶子看卡片,你发现了什么?

图2 幼儿自主做玩瓶实验

(3)幼儿第一次自主实验。

(教师重点观察:幼儿发现的现象)

(4)交流实验结果。

重点提问:透过装了水的瓶子往外看,你发现了什么有趣的变化?

教师根据幼儿的回答,出示 PPT(有趣的玩瓶照片),与幼儿共同交流有趣的变化。

教师重点指导:

① 关注幼儿的语言表达——说清楚变化。

② 引发幼儿互相学习——他的发现你看到了吗?

③ 梳理幼儿发现的线索,用符号记录表达。

(5)教师进一步引发幼儿的探究。

重点提问:原来瓶子里装了水,会发生这么多有趣的变化,你都发现了吗?要用什么好方法才能看得到呢?

2. 幼儿第二次玩瓶实验

(1)交代实验要求。

透过装了水的瓶子看卡片,看谁发现的变化多?

用纸笔记录自己发现的变化:在发现的变化上打钩,把新的发现记录下来。

（2）幼儿第二次自主实验。

教师重点观察:

幼儿观察并记录的情况。

幼儿能发现倒立现象吗?

图3　幼儿记录自己的发现

图4　幼儿交流自己的新发现

（3）幼儿交流新发现。

请幼儿说出自己的新发现。

记录幼儿的新发现,并进行验证。

教师用自制PPT或请幼儿亲自验证新发现。

（4）教师小结。

透过装了水的瓶子能看出很多变化,这些变化原来与瓶子的位置、卡片的位置、我们看的角度、里面装的东西,以及我们放的距离有关系。

三、"猜一猜"、"赏一赏"——感受玩瓶的趣味性

1. 出示小鸭子图片,猜一猜将它放在瓶子背后会发生什么变化呢?

（验证幼儿已有经验）

2. 播放视频"神奇的小鸭子",请幼儿欣赏发生的奇妙变化。

（促进幼儿新经验的生成）

3. 播放视频"瓶子实验室",请幼儿看看视频里的大人是怎样玩瓶子的。

（拓展幼儿的想象并激发其进一步探究的兴趣）

请幼儿回家后在家里找个瓶子装点水,去发现更多瓶子的秘密。

想一想

1. 为什么在第二个环节的"看一看"实验中,给幼儿两次玩瓶实验的机会?
2. 在"猜一猜"、"赏一赏"的环节,如果让幼儿来表达自己的发现,教师关注的重点有哪些?

活动反思

这一活动来自于孩子们的日常生活。在偶然中,孩子们发现透过玻璃瓶子所看到的物体会有一些变化的现象,我就利用这样一个内容,设计了"玩瓶"的集体活动。

本次活动的目标定位在感受凹凸镜的简单知识上,运用了游戏的方式来进行。整个活动通过三个环节实施。第一个环节是"比一比",比较两种情况的瓶子(装水的和不装水的),从而引发幼儿发现不同的现象,并产生进一步探究的愿望。第二个环节是"看一看",发现装水的瓶子和一般瓶子之间是不同的,并且设计了两次实验,试图让孩子们能更仔细地发现现象。第三个环节是"猜一猜"、"赏一赏",让孩子们在初步了解的基础上,感受玩瓶的乐趣,激发他们进一步探究的欲望和兴趣。

在整个活动中,孩子们能积极参与,且非常专注于从一个玻璃瓶引发的思考中,达到了预期的目标。

活动评析

"玩瓶"这一活动是通过简单的游戏,来让孩子们感受凹凸镜的基本原理。从活动过程来看,我们既看到孩子们对这个探究活动是非常感兴趣的,也能看到他们在探究过程中对探究内容逐步深入的探索和理解。

第一,"玩瓶"的内容来自于孩子们的日常生活,是关于物理现象的探究。当幼儿用一双观察的眼睛看向这个世界时,会发现到处是他们想接触的东西。教师将幼儿在生活中随机接触的普通生活素材,有目的地引入幼儿园集体活动中,充分挖掘其教育价值,通过精心的设计与有效的实施来达成教育目标。因此,活动所带给大家的不仅是对集体活动选材的思考,更能引发大家对当下幼儿科学教育目标的思考。

第二,在活动过程中,教师自始至终将看似深奥的科学知识,以问题引导的方式与幼儿共同发现探究。教师通过"如果在瓶子里加点东西,还能看清吗""用装了水的瓶子来做实验,透过这个瓶子往外看,会看到什么现象"以及"透过装了水的瓶子往外看,发现了什么有趣的现象"等问题,引导幼儿在探究中思考,让他们尝试进行简单的推理和分析,发现事物之间明显的关联。

第三,集体活动的时间是有限的,但教师将有限的时间和内容,来引发幼儿无限的探究和学习。在活动的最后一个环节,让幼儿欣赏"瓶子实验室"的视频,拓展了幼儿的视野,激励着他们进一步深入玩瓶的探究兴趣和愿望。

最后,本次科学活动在用词方面的严谨性值得我们探讨,尤其是学前儿童科学活动中教师科学术语的表达和运用,今后应当体现出语言的精准性与科学性。

(点评专家:李建君)

扫一扫,获取现场
活动视频

基于《指南》的幼儿科学教育

施 燕

一、《指南》科学探究子领域的目标与核心理念

"基于《指南》的幼儿科学教育"中的《指南》,是指《3—6岁儿童学习与发展指南》。大家都学习过《指南》,对其中的内容是比较熟悉的。《指南》从健康、语言、社会、科学、艺术五个领域描述幼儿的学习与发展,其中科学领域分为两个子领域:一个是科学探究,一个是数学认知,即科学与数学两个领域,这两个领域之间有着密切的关联。这里,我们主要阐述"科学探究"这个子领域。

科学探究是幼儿对自然界的一种探索和研究,在这个子领域下有三条目标(见下图1),每一条目标下面既有各个年龄段的典型表现,也有对达成目标的几条教育建议。

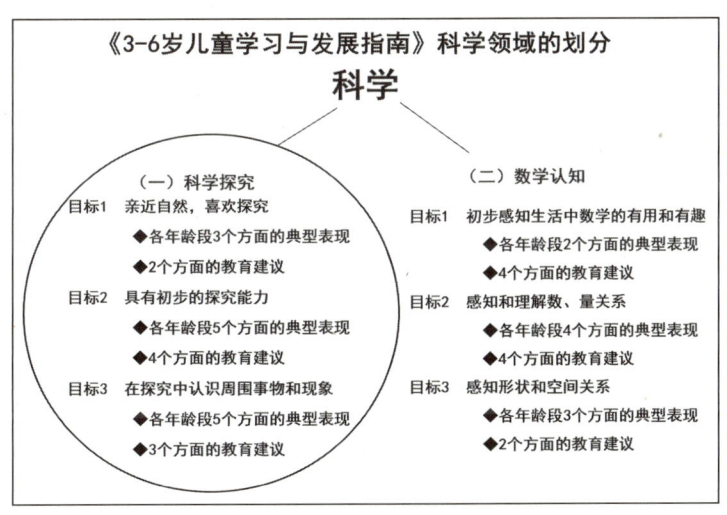

图1 科学探究子领域的内容

(一) 什么是科学探究

科学探究就是幼儿对自然界中事物和现象进行探索并形成解释的过程。具体来说,就

是幼儿对自然界中的事物或现象的探索和研究。什么是幼儿对自然界的事物的探索和研究呢？我们先来看一段儿童建构游戏的视频，请大家思考几个问题：视频中展现了幼儿的什么活动？活动中揭示了哪些科学现象？幼儿是怎么去学习的？想一想：如果是你看到幼儿在进行这样一个学习，你会采用怎样的回应方式？

【介绍游戏视频】

视频中的男孩在建构活动中，用一段水管与积木进行滚动游戏，这与"滚筒进山洞"的活动有点类似。他在滚动的时候发现了什么？当男孩在用积木铺成的"斜坡"上滚管子时，发现滚到"斜坡"的中间水管就掉下去了。于是，他把原先用两块长条积木连接的"斜坡"放放好，又拿一块方块积木将"斜坡"的起点垫高。（我们想一下，他这样调整的原因是什么？他想到了什么？）只见他去找积木，想要改善"斜坡"的状况。这时，有个男孩子将他用来滚动的管子顺手拿走了，于是他拿起了一段竹筒，放在垫高起点的"斜坡"上再次滚动。然而，竹筒滚到"斜坡"的中间，又滚下去了。他拿起竹筒继续在"斜坡"上滚，再一次滚掉了。这时，又试了一次，还是同样的结果。只见他挠挠头，拿起竹筒走到"斜坡"的另一端准备拿起竹筒来滚时，忽然发现了什么，于是他放下竹筒，用手将"斜坡"的一头（长条积木）拿起来比划了一下，然后移动垫在"斜坡"这一端的方块积木，将它放在两条长条积木的连接处，于是一条新的"斜坡"形成了。接着，他拿起竹筒重新回到之前垫高的起点，在新"斜坡"上滚了一下，但是竹筒又从新"斜坡"上滚掉了。他再次换到"斜坡"的另一端，试着用竹筒滚动，然而同样的结果又发生了，竹筒又一次滚掉了。于是，他将刚才移动垫高的方块积木拿掉，并将垫高"斜坡"一端的积木拿掉，形成一条坡度较为平缓的路，再次拿着竹筒试着滚一下。然而，竹筒再一次地从"斜坡"中滚掉……

【游戏视频解读】

从这段视频中大家看到了什么，有没有看到老师让幼儿学习什么知识？幼儿在探究什么？他在探究他原先不知道的一些科学概念，其中有斜坡和滚动之间的关系。我们可以看到最开始的时候，幼儿用很多块积木搭建了"斜坡"的起点到终点，而且他每滚动一次或者滚动两次，会进行相应的调整。我们看到他进行了一次次的调整，他的每一次尝试都是想能够把滚动的材料（水管或者竹筒）从开始一直滚动到最末端。但是，这个材料总是在半途某一个地方滚落下来。于是他对滚落下来的地方进行调整，有时垫高，有时放平，甚至他把最开始垫高的起点的积木先拿掉再全部放平，试图使竹筒或水管能够滚到最后。

【互动与思考】

下面我想问大家一个很简单的问题，这个男孩在游戏的这一段时间内，到底有没有学习呢？他在哪些方面得到了发展？首先，他是在不断地用自己原有的探究能力与经验，来试图解决当前碰到的一些问题。在解决问题的过程当中不断地遇到失败，就是我们经常说的试误或者说尝试错误，他在不断地调整、尝试错误。如果老师讲给他听"非常简单，我教你怎么做"，就会影响这个男孩的探索，老师并没有任何的介入。当然老师需要有一些介入方法，比如说在集体活动中为孩子提供相应的材料。但是今天这个活动老师没有给他任何其他的指导，而是让男孩自主地去探究，让他不断地尝试错误。在这个过程当中，男孩的探究能力，包括观察、预测、验证、调整，以及记忆等都获得发展。第二，从知识经验方面来看，这个男孩虽然最后也没有办法让材料从最前端滚到后面，但是他已经了解了一些解决问题的方法。比如说有一个动作，大家看到他本来的积木是翘起来的，他知道这样滚上去是不可能的，于是把最前面的一端越放越低。再比如，他发现了斜坡斜得幅度大时，筒滚得更快一点，所以他把前面的一个地方就越垫越高，这些都是他获得的经验。虽然他现在只是玩积木，但等以后再学习类似的知识，要比没有经历过这样探究过程的幼儿学习起来容易得多。第三，这个活动还受到很多因素的影响，比如说斜坡的长度、斜坡的表面光滑度、滚动的材料，还有幼儿两手用力均衡与否，这些因素都会干扰到他的滚动实验。虽然视频里的幼儿无论怎么调整积木的摆放，都不会像我们说的那样"成功"（因为后面他拿的那个竹筒已经不是圆的了，竹筒自然生长得有高有低、有宽有细，就像我们"滚筒进山洞"活动一样，材料发生一点点变化，就会影响到滚动的路线），但是这种探究过程却是极有价值的。

我们在探究活动中，老师应尽可能减少所供材料的干扰因素，如"滚筒进山洞"活动中，由于山洞和斜坡的宽度是不一样的，因此老师在斜坡上面用一个长方形的线做了记号，这就框定了一个范围，给孩子滚动滚筒固定了一个位置。那么，为什么执教的老师在设计的时候不把斜坡和山洞的宽度设计成一样，而是将斜坡的宽度设计得比山洞的宽度宽？那是因为老师设计了不同的滚动材料，有的材料是直直地滚，一直滚到山洞里面；有的材料因为两端是不一样的，所以滚下去就会歪斜。如果斜坡和山洞一样宽的话，那些两端不一样的材料就会没滚几下就掉下去，就像我们前面介绍的儿童游戏的视频一样，他运用的滚动材料要比斜坡宽，即使一样宽，只要材料两边大小不完全一样，它就会向旁边歪斜，然后一点点往下掉。如果很快就往下掉的话，凭幼儿的观察能力以及他们的知识经验，很难观察到不同材料滚下去的时候会往一边斜的现象。我相信老师在设计这个材料的时候是经过了深入的思考的，因此在设计材料的时候，变量越少对幼儿来说就能观察得越清晰。

从以上活动及分析可以看到，"科学探究"就是幼儿对自然事物与现象的探索与研究。

（二）"科学探究"子领域的目标

《指南》中"科学探究"子领域的目标一共有三条：目标一是"亲近自然，喜欢探究"，这条目标是指向情感态度，也就是培养幼儿对自然界的一种情感态度。目标二是"具有初步的探究能力"，指向科学探究的能力和方法。目标三是"在探究中认识周围事物和现象"，指向科学知识经验。

第一条目标"亲近自然，喜欢探究"是首要的、前提性的目标。因为科学探究的出发点就是幼儿对自然界的热爱、自然界的情感、自然界的好奇，幼儿一出生就对周围世界充满了好奇，所以这是首要的、前提性的目标。在这条目标中，特别请大家关注"喜欢探究"这个点，即不仅是喜爱自然，也是喜欢探究本身。

第二条目标"具有初步的探究能力"是重要的、关键性的目标，对孩子来说，是受益终身的。幼儿如果具有这样的探究能力，在后继学习中，依靠这样的能力和方法，他就有能力继续探究世界，所以是重要的关键性目标。

第三条目标"在探究中认识周围事物和现象"是载体、产物性目标。什么是载体？我们刚才说探究能力是重要的目标，情感态度是首要的目标，那么怎么发展能力？没有知识经验，没有载体，我们去探究什么？没有探究也不可能发展探究能力，因此一定要先让幼儿进行探究，这样他才能发展探究能力。那么探究什么呢？可以探究知识经验。产物性目标是指一个探究过程自然而然会获得的结果。我们在前面提到的游戏视频中没有强调知识经验，但是幼儿经过一段探究过程以后，他们就自然而然获得了这些知识经验。

（三）"科学探究"子领域的核心理念

从《指南》"科学探究"子领域的目标中，可以看出其主要的理念。

第一，幼儿科学学习的特点是什么？《指南》的三条目标中都有典型表现的描述，下面还有很多教育建议。首先我们可以看到，《指南》中提出幼儿科学学习的特点。我们从上文提到的游戏视频以及前面的三个活动中，可以看到幼儿在过程中的探究、解决问题、尝试发现，而不是被动地接受，不是老师教给他，说给他听，让他记忆，而是支持幼儿在解决问题的过程中尝试发现、进行探究，这是幼儿科学学习的特点。

第二，幼儿科学学习的价值取向是什么？我们刚才分析了三条目标，"科学探究"子领域的价值取向是"激发探究兴趣，体验探究过程，发展探究能力，形成受益终身的学习态度和能力"，这是《指南》中的原话。这段话有没有讲到知识经验？虽然给予幼儿知识经验或者帮助他们获取知识经验资料，对他终身的学习、生活、工作都有好处，但是《指南》的这段话中却没有讲到知识经验。那么是不是知识经验就不要了？不是的，知识经验是载体。这里再一次提醒我们：在进行科学探究活动的时候，不要把关注点放在知识经验上，而是要放在对幼儿的态度和能力的培养上。作为老师，如果你这样去设计活动、去准备材料的时候，你就会觉得你的"脑洞大开"，如果总是想着要把这些知识经验教给幼儿的话，你最终想的办法一定是教授，因为你要给孩子的是知识经验。知识经验是一个结果，是一个现成的、静态的东西。现在我们想的是怎么让幼儿的探究能力得以提高，他们可以怎样学习到一些方法，这时候所设计的活动就会关注到他们的能力、他们的方法和他们的情感态度。因此，我们要设计使孩子能够自己想方法去探究的活动，在这个过程当中他们的能力就可以提高，而且他们的兴趣也就随之而来。所以，价值取向是最终要形成受益终生的学习态度和能力。那么，这样的活动所带来的科学学习方式就变化了，不再是老师教孩子学了，而是让幼儿直接感知、亲身体验、实际操作，即要让幼儿亲身经历科学探究的过程。

就如同我们看到的"脚趾头起名字"活动，它不是传统意义上的探究活动，它是一个关于分类的、类别的绘本阅读学习，这是科学领域中很重要的一个核心经验。如果老师稍微调整一下，这个活动的探究性质就更强了。比如说 A、B、C、D、E 是一个类，1、2、3、4、5 也是一个类，但是老师就给了幼儿一个概念——数字、符号。但是中班幼儿的分类能力是一种归纳推理，他们先要了解直接感知探究得来的概念，然后再上升到类别的概念。如果让幼儿先是不断地去强化类别下面的具体的一些名称，比如说水果的名称，数字 1、2、3、4、5，红的、绿的、黄的，然后再从这些具体的经验归纳到上一位的类别概念，这对幼儿的分类能力与抽象逻辑思维能力的发展将有更大的好处。所以在探究活动中更多的是让幼儿直接感知、亲身体验、实际操作。作为老师，给予幼儿创设的学习条件就是让他们要在做中学。这个"做"，千万不能认为就是做手工或者手的一些动作，更多的是让幼儿在亲手操作、实验观察中的一种做中学，在日常生活中学，在游戏中学习。

二、基于《指南》的幼儿科学教育要点

在《指南》的理念之下，根据科学探究的核心词汇——探究，我们可以从以下方面来思考。

（一）明晰幼儿科学探究领域的核心经验

我们以前讲到"教什么"肯定想到的是科学知识，那现在的关注是幼儿科学探究领域的核心经验是教什么？我们先来看一个案例。

【案例：哪艘小船装货多】

案例"哪艘小船装货多"带有一些数学活动的性质,但同时也是一个科学活动。活动目标为:①能理解实验要求并积极思考,探索货仓的大小和位置与小船装载货物数量的关系;②能针对问题进行预测,感受发现的快乐。

我们需要思考两个问题:第一个问题,从这两条活动目标来说,是要让幼儿学习什么?第二个问题,这两条目标里面的学习是指学什么?

从案例中,我们不难看出有几个要点需要我们关注:第一个要点是学习货仓的大小和位置与小船装载货物的关系,主要是大小和位置的关系,也就是货仓的大小和装载数量的关系、位置和装载数量的关系;第二个要点是能针对问题进行预测,预测是一个很重要的探究能力;第三个要点是能理解实验要求;第四个要点是能感受发现的快乐。

【总结】

在这个目标中有五个要点:第一是理解实验要求;第二是积极思考;第三是探索货仓的大小和位置之间的关系;第四是预测;第五是感受发现的快乐。这五个要点中既有情感态度的,也有能力的,如预测就是能力;还有能理解知识的,货仓的大小和装载数量关系就是一种知识的。以上五个方面的内容是不是都值得我们在一个活动中来学习?

大多数老师可能认为关系是很重要的,因为关系涉及数学的经验,其次是预测。另外,也有老师会觉得其他三个要点都需要,因为在平时的其他活动中,这三条目标是都有的。对于大班活动而言,第一个要点"能理解实验要求",其实从小班下学期甚至更早,老师已经开始组织一些实验并有相关要求,因此在大班活动中不需要再提出实验要求。而积极思考是贯穿小班到大班的内容,同时它在预测活动、探索关系中是始终贯穿的。关于"感受发现的快乐",这是对自然界的一种情感态度,从小班到大班一直有,但是小班、中班更多的是感受、发现,而大班是要对自己的发现有一种成就感,即"我要继续去探究"的情感态度。对于"理解实验要求"、"感受发现的快乐"都和大班是有关系的,但是对于大班这个年龄段的幼儿,老师不需要将这两条目标专门提出来。而且如果将五个要点设计为五个目标也实在太多了,因此在这个活动中,我认为有两点是最重要的:一个是"关系",虽然它与知识经验相关;第二个就是"预测"。这两点也就是我们讲的科学领域核心经验的内容。

什么是核心经验,用一句比较简单的话来概括,核心经验是幼儿掌握和理解与科学探究领域相关的一些至关重要的概念、能力与技能。我们分析《指南》中的典型表现,来看看哪些是至关重要的。目标2是"具有初步的探究能力"(见图2)。其中有一些重复出现的关键词，即：观察、观察发现，还有比较、分析、猜测、记录、交流。其中，记录在中班和大班都有；观察在小班、中班和大班都有；猜测多在中班和大班。

目标2 具有初步的探究能力

3—4岁	4—5岁	5—6岁
1. 对感兴趣的事物能仔细观察，发现其明显特征。 2. 能用多种感官或动作去探索物体，关注动作所产生的结果。	1. 能对事物或现象进行观察比较，发现其相同与不同。 2. 能根据观察结果提出问题，并大胆猜测答案。 3. 能通过简单的调查收集信息。 4. 能用图画或其他符号进行记录。	1. 能通过观察、比较与分析，发现并描述不同种类物体的特征或某个事物前后的变化。 2. 能用一定的方法验证自己的猜测。 3. 在成人的帮助下能制定简单的调查计划并执行。 4. 能用数字、图画、图表或其他符号记录。 5. 探究中能与他人合作与交流。

图2 《指南》科学领域的目标2

在目标3"在探究中认识周围事物和现象"(见图3)中，先要明确这条目标是指向知识经验的，然后我们要找一找典型表现里的知识经验有哪些是最核心的。

目标3 在探究中认识周围事物和现象

3-4岁	4-5岁	5-6岁
1. 认识常见的动植物，能注意并发现周围的动植物是多种多样的。 2. 能感知和发现物体和材料的软硬、光滑和粗糙等特性。 3. 能感知和体验天气对自己生活和活动的影响。 4. 初步了解和体会动植物对人类的贡献。	1. 能感知和发现动植物的生长变化及其基本条件。 2. 能感知和发现常见材料的溶解、传热等性质或用途。 3. 能感知和发现简单物理现象，如物体形态或位置变化等。 4. 能感知和发现不同季节的特点，体验季节对动植物和人的影响。 5. 初步感知常用科技产品与自己生活的关系，知道科技产品有利也有弊。	1. 能察觉到动植物的外形特征、习性与生存环境的适应关系。 2. 能发现常见物体的结构与功能之间的关系。 3. 能探索并发现常见的物理现象产生的条件或影响因素，如影子、沉浮等。 4. 感知并了解季节变化的周期性，知道变化的顺序。 5. 初步了解人们的生活与自然环境的密切关系，知道尊重和珍惜生命，保护环境。

图3 《指南》科学领域的目标3

这可以梳理出"科学探究"子领域的核心经验，可以有这样几个：第一是观察，它是我们科学探究领域要让幼儿重点发展的经验；第二是分类，虽然它没有明确写出来，但是在教育建议里面写得很清楚，在观察的基础上进行比较分析、抽象概括进而进行分类；第三是预测与推断；第四是记录与表征；第五是事物与现象。每一个核心经验下面都有更具体的从属核心经验的内容，比如说观察有个别物体观察、比较性观察、长期跟踪观察；事物与现象有动植物、物体和材料、物理现象、天气季节、科技产品、人类与自然环境等。

【案例：蚕】

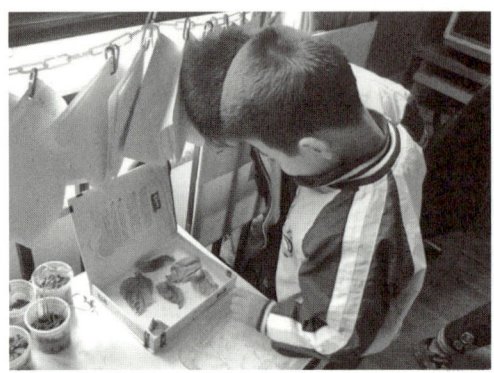

图 4　案例"蚕"

在饲养蚕的活动中，我们可以看到在孩子们与蚕相处的过程中，他们可以去观察蚕，喂桑叶给蚕吃，还会提出一些猜测，如蚕到底是怎么样的、它长大是怎么样的。我们也知道蚕是比较娇贵的，湿的桑叶不能吃，脏的桑叶也不能吃，要把桑叶擦干、擦净才能给蚕吃。

在"蚕"这样的活动中，一般我们对蚕会进行一系列的观察。其中涉及的核心经验至少有两个，第一是观察的核心经验，观察比蚕本身的知识更重要。对蚕的观察是一个长期跟踪观察。这里补充一下，观察可以分为三类：个别物体观察、比较观察、长期跟踪观察（见图5）。第二个才是关于蚕本身的知识（属于动植物），也就是事物与现象里面的一个内容。我们在饲养蚕的过程中，也让幼儿进行记录。因为蚕的生长是一个需要很长时间多次观察的过程，幼儿的观察才会越来越细致。所以如果进行观察记录的话，那么这个活动又多了一个核心经验——记录与表征。

核心经验：观察（发展轨迹）

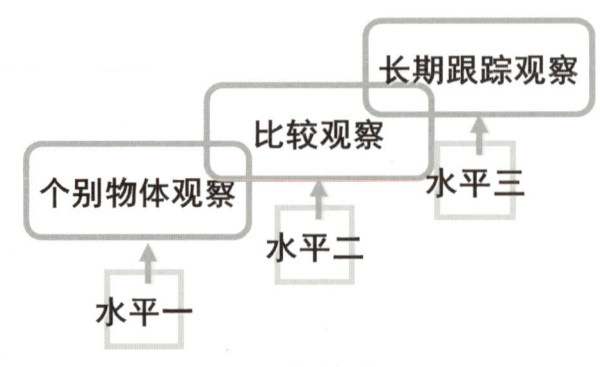

图 5　观察的发展水平

而其中最核心的经验是观察,如果从幼儿发展的水平看,我们把它分成三个水平(幼儿阶段)分别称为水平一、水平二、水平三。从观察方法的维度来分析,分别对应个别物体观察、比较观察和长期跟踪观察。这三个水平并不一一对应幼儿园的三个年龄段,因为并不一定中班就是水平二,中班幼儿也有水平一、水平三。个别物体观察是对单个的物理现象的观察。比较观察是要将两个或两个以上的物体放在一起来找出它们的异同。长期跟踪观察是将当前的事物和之前所观察的事物进行比较,它相对于比较观察来说,水平要更高一点。

【案例: 水】

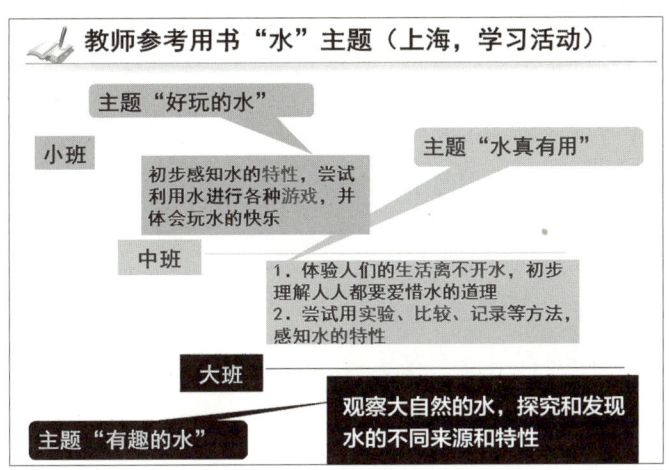

图 6 "水"主题设计框架图

这是观察的一个案例,是有关水的主题(见图6)。在小班,水的主题叫"好玩的水",它的内容要求是:初步感知水的特性,尝试利用水进行各种游戏,并体会玩水的快乐。如果我们从核心经验来说,第一个是水的一般的特性,比如说水会流动,甚至让孩子玩玩水。从核心经验的能力方面来说,其实就是通过观察来了解水的一些特征。到了中班,水的主题叫"水真有用",其核心经验有两点:一是人们生活和水的直接关系;二是通过实验、比较、记录来感知水的特性,如把水倒来倒去、水加上颜色会怎么样、东西会溶于水等。到了大班,水的主题叫"有趣的水",这时候幼儿不仅需要了解水本身,更重要的是要了解水的来源,要提升丰富的知识经验和探究能力。这时候幼儿要通过一些途径,包括媒体的形式、调查访问的形式来了解水是怎么来的。例如,自来水是怎么来的,我们会让幼儿参观水厂。以上便是关于水的核心经验的发展。

【把握核心经验的意义】

我们刚才大致解释了一下科学探究的核心经验,核心经验到底有什么作用呢? 我们又为什么要把握它呢?

第一,能清楚地知道我们该教些什么,哪些是重点,也就是我们所说的目标重点。如果活动重点放在观察上面,那我们就会在活动中,设计一系列的让幼儿对事物或者现象的观察。如果重点放在一个具体的知识经验上,设计的时候就会把重点放在怎么样让幼儿学会这个知识上,所以这一点我们要特别考虑清楚。科学探究的内容、目标不仅有知识经验,更有探究能力,如观察、分类、预测、推断、记录表征等。

第二,能根据不同水平幼儿的特点因材施教。当了解了分类对于中班幼儿的主要特点是什么后,我们在设计活动的时候就不会有偏差,我们就会根据中班幼儿的主要水平特点设计相应的分类活动。如,幼儿了解动植物,但是小班幼儿能够掌握动植物哪些方面的特征,中班幼儿能够掌握什么,大班幼儿又能够掌握什么?核心经验能把这些内容梳理得很清楚。

第三,能运用合适的方式方法来教学。教师怎样教直接关系到幼儿的怎样学,领域核心经验要求教师掌握具体领域(如科学领域)的教学法知识。因为了解了目标的重点,了解了幼儿的在某一核心经验学习上的水平,我们就能运用合适的方法来进行教学。可以说,如果我们把握了核心经验,我们的教学将更为有效。

(二)引导幼儿亲历科学探究的过程

我们说幼儿像科学家一样都是在探究,但他们探究的区别在哪里呢?答案是他们探究的水平不一样。科学家有非常严谨的科学方法及过程,而幼儿有他们自己的方式,比如说观察、预测等。另外,探究的内容也不一样,科学家探究的是人类迄今为止不知道的事情,而幼儿探究的是自己头脑中的问题。如在"玩瓶"活动的最后环节,老师无数次讲到"你有什么新的发现",其实这个新发现我们都知道,但是孩子们不知道,提问过程是引发孩子们的思考。探究的第二个要点,就是要引导幼儿亲历科学探究的过程。

【案例: 看龙虾与青蛙】

活动背景:这个班级的孩子之前已经有了"寄居蟹"的经验,并且在鱼缸里饲养了小龙虾(螯虾),今天又有幼儿带来了几只青蛙,他们马上把这个知识迁移到寄居蟹上面。有幼儿提出要是把龙虾和青蛙放在一起,会发生什么事情呢?有幼儿马上说"不行,龙虾会咬小青蛙的",因为小青蛙在孩子们的心目中是受保护的动物,

图7 突发奇想

是帮助庄稼生长的好朋友,也是孩子们的好朋友,有的幼儿甚至还说它是珍稀保护动物。在孩子们的心目当中龙虾就是会咬人的,所以说"不行,放在一起会咬的"。也有的幼儿说"不会,青蛙会跳的,龙虾咬不到它的",大家七嘴八舌地在讨论,讨论得很激烈。最后有一个幼儿提出来把它们放在一起试试,如果龙虾咬青蛙了,我们再把它救出来。

图8　大胆尝试　　　　　　　　　　　　　　　　图9　静候变化

于是,孩子们就进行了大胆尝试:把龙虾放到青蛙的笼子里。

当幼儿把龙虾和青蛙放在一起后,发现它们背对着背,谁也不理谁。我们知道幼儿的注意时间是有限的,所以有的幼儿就想办法用手去拨弄青蛙,他们想看看青蛙会不会移动、会不会去反抗或者龙虾会怎样做。这种人为的促成会发生什么结果呢?

图10　人为促成　　　　　　　　　　　　　　　图11　屏息观察

孩子们很紧张,都在屏息观察,只见龙虾转过身来张牙舞爪地对着青蛙。这时候孩子们害怕了,有的幼儿准备把青蛙救出去……最后发生了什么?

那天的结果很有趣。最后的结果就是龙虾和青蛙相安无事,啥事情也没有发生。以上这样一个活动过程就是科学探究的过程。

在这个探究过程中首先第一个是问题：龙虾和青蛙放在一起会发生什么？这个问题在科学探究中是指向幼儿想要探究的自然事物或现象。今天将龙虾和青蛙放在一起，它们可能是天敌，也可能是朋友，最后它们相安无事，这是自然事物和现象。面对问题幼儿会进行预测或者推断，即猜测会发生什么情况，而且他们还做了一个计划。计划与

图 12　风平浪静

预测有关，计划就是把青蛙与龙虾放在一起试试看，如果不行就把它救出来等。预测之后，孩子们进行了调查验证。在这个案例中主要是用观察的方法，当然验证也可以用分类、测量、实验等，最后得出结论。这个结论一定是从问题中来的，也就是解决这个问题。所以我们说幼儿的学习特点就是尝试、发现、探究、解决问题。这个案例的结论就是青蛙和龙虾放在一起不会咬，它们会相安无事。在探究过程的各个环节，幼儿都可以进行记录与表征。在科学活动中，我们可以记录问题是什么、记录猜测与推断等，还可以记录使用了什么工具或材料去验证，以及记录使用什么方法得出了什么结论等。从理论上讲，科学活动的每个环节都可以有记录，当然并不是说每个环节都一定要记录，这是一个科学探究的模式图（见图 13）。

在科学活动中，当幼儿发现结论之后，我们还可以进行一些分享交流。比如，在这个案例的最后交流中，其中有一名幼儿还是认为龙虾会咬青蛙。她认为龙虾没有咬青蛙是因为龙虾吃得太饱了。这就引出新的问题来了，如果龙虾肚子饿的时候会怎么样，是不是又是一个问题？这样又进入新一轮探究，虽然并不是每一次的活动都会引入一个新的探究，但是很多问题就是这样来的。幼儿在现实生活中遇到解决不了的问题，于是进行一个针对新问题的探究，这就是一个完整的科学探究过程（见图 13）。

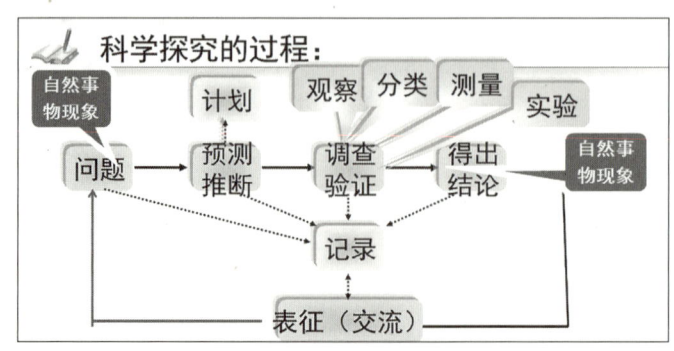

图 13　科学探究过程

在对整个科学探究过程了解了以后,教师可以做的就是引导幼儿亲历科学探究的过程。作为老师,我们应思考在孩子进行科学探究的时候,有没有让孩子亲历真实的科学探究过程。我们来看一下《指南》中对科学探究的教育建议的部分内容。(图14)。

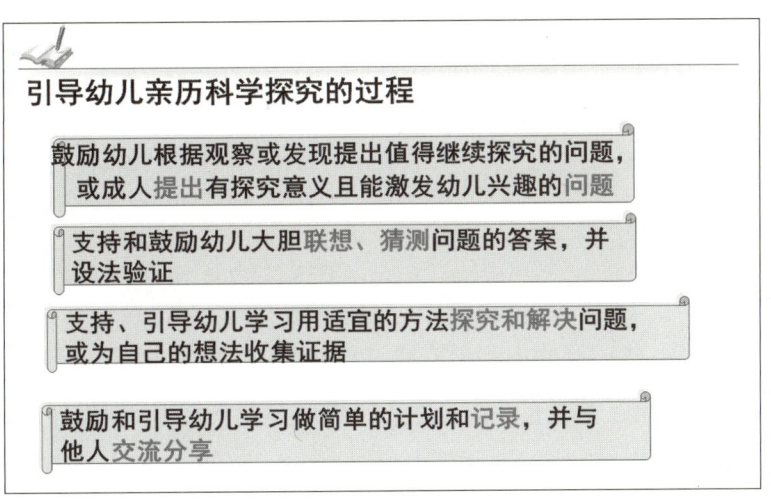

图14　引导幼儿亲历科学探究的过程

第一,提出问题。科学探究首先要有问题,但是这个问题由谁来提出呢? 一是由幼儿来提问题,二是由成人来提问题。比如本讲的三个集体活动,每个活动的开始或者材料的提供就是一个问题情境,那么这个问题是幼儿还是老师提的? 当然是老师提的,那么老师的问题哪里来的呢? 有可能是从现有的材料中来,比如说从幼儿园教师参考用书中来,它设计的一个点就是一个问题;也有可能是从幼儿平时对生活的观察而来;也有可能是幼儿直接向老师或者同伴提出的一些问题。成人将幼儿中有价值的问题转化为值得探究的内容,也就是说问题可以从成人当中来。如果问题是从成人当中来,一定要根据幼儿的水平。问题的提出有三个关键点:一是问题要是幼儿不知道的真问题。二是这个问题是幼儿想知道的问题,如果幼儿不想知道,我们就要设计问题情景或者提供有趣的、有探究性的材料激发他们的探究兴趣。三是幼儿要能知道的问题,即在幼儿这个年龄阶段,通过成人或同伴的帮助,在别人的支持下,他们能够理解的问题。假如老师设计了一个非常原理性的问题,他们是不知道,他们也想知道,但是无论如何他们也不可能会知道,那就没有价值了,也就是说问题一定要符合幼儿的年龄特点。

第二,支持和鼓励幼儿大胆地联想猜测问题。我们经常会这样启发幼儿:"猜一猜这个事情是怎么样的","如果把这个两样东西放在一起会怎么样呀",这都是联想猜测。关于猜测也有两个关键点：第一，必须是让幼儿来猜来想，教师不要代替。比如说我们教师提供了很多现有的材料，其实就是教师代替他去猜这些材料会怎么样。第二，要在幼儿原有的经验上能够猜想，也就是说要让幼儿有经验、有线索，这样才能去猜而不是瞎猜。比如，有一个关于蔬菜的活动，老师说："小朋友马上要吃饭了，你们猜猜今天吃的是什么？"这样的猜测一点线索也没有，没有任何价值。猜测是一种对逻辑思维的培养，幼儿根据当前的情景及原有的经验来猜想可能会发生什么样的情况，可能会发生什么样的变化，可能会有什么样的结果，这样的一种预测或者推断才是有意义的。

第三，如何引导幼儿亲历科学探究的过程。在预测推断或联想猜测以后，我们要引导幼儿用适宜的方法。《指南》中提出了"支持、引导幼儿学习用适宜的方法探究和解决问题"，这里讲的就是方法的问题，我们有些内容需要通过观察、实验或测量等来探究。比如说某幼儿园的田园种植活动就使用了测量的方法，去量一量油菜花长得多高了，做个记号，过一段时间再量量，再做个记号。在此过程中，幼儿使用了测量的方法，当然这其中离不开观察，观察是最基础的能力和方法。另外，在物理活动中还会用实验的方法。值得注意的是，在生物的活动中，特别是动物的活动中，我们慎用实验的方法，因此，在幼儿园阶段，幼儿最常用的探究方法就是观察。

第四，进行记录并与他人交流分享。在科学活动中，记录与表征非常重要，记录也是交流分享的一个基础，如果没有记录就没有交流分享。因为幼儿要将自己的发现、想法讲给别人听，需要思考怎样可以使别人更明白，所以记录与表征对于科学探究的过程来说是重要环节，我们在幼儿园的科学活动中需要运用大量的记录。但是需要提醒的是，记录不是越多越好，记录也不是在每个活动中都必须有，老师一定要根据实际情况来考虑是否需要记录。

（三）优化幼儿科学探究的途径

前述要点一是关于幼儿要学习什么、重点是在哪里、目标内容在哪里。要点二是学习的过程，在这个过程中的幼儿可以怎样做，我们应怎么样引导幼儿的学习更加有效；要点三是要进行科学探究，不能局限于原有的集体教学活动，要从幼儿的一日活动当中去寻找各种契机，优化幼儿科学探究的途径。概括起来，就如《指南》中指出的："支持幼儿在接触自然、生活事物和现象当中，积累有益的直接经验和感性认识。"

【案例："小蜗牛的秘密"（一位幼儿园老师的观察记录）】

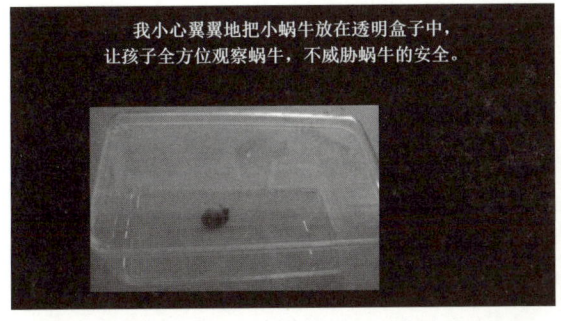
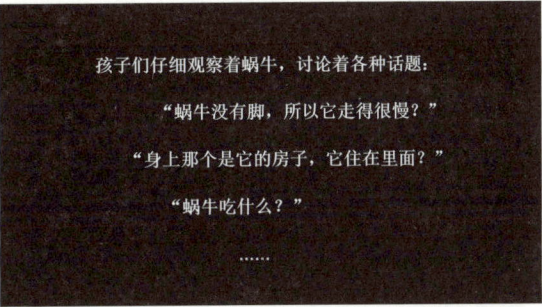
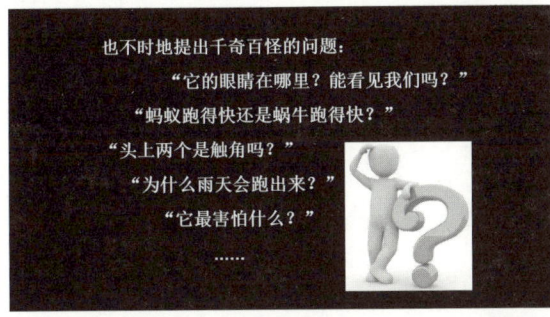
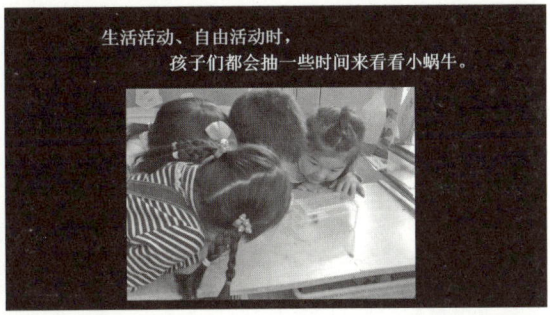
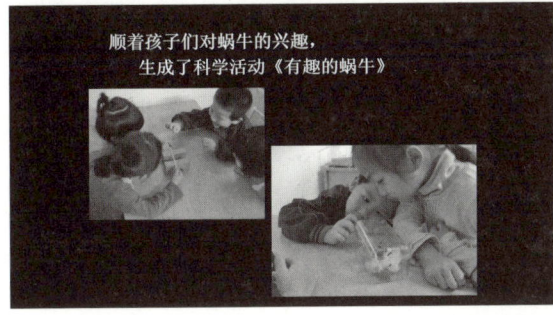
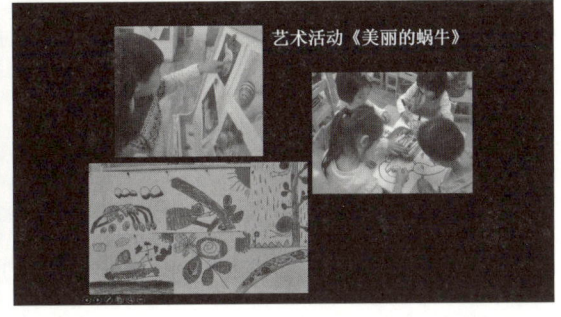

图15 由蜗牛引发的活动

5月连续多日下雨。一天中午，大雨停歇后，孩子们跟往常一样在活动室门外自由活动。不一会儿，几个孩子兴奋地跑到我身边，你一言他一句地对乐老师说："有一只蜗牛爬到我们活动室的窗台上了。"没过多久，知道这件事情的孩子越来越多。大家都围在一起看蜗牛。有的孩子用小手摸了摸蜗牛，有的孩子把蜗牛抓了起来，还有的孩子用玩具去碰碰它。乐老师小心翼翼地把小蜗牛放在透明盒子中，放到"自然角"中。这样既能满足孩子的好奇心又能保障蜗牛的安全。

孩子们边仔细观察着边自发地讨论着各种话题："它走得很慢是因为没有脚吗？""身上那个是它的房子吗，它住在里面？"⋯⋯也不时地提出千奇百怪的问题："头上两个是触角吗?""蜗牛吃什么?""它为什么雨天跑出来?""它的眼睛在哪里? 能看见我们吗?""它最害怕什么?""蚂蚁跑得快还是蜗牛跑得快?"……

乐老师没有回答,而是给他们留了两个"任务"。任务一:把自己想要问的关于蜗牛的问题用图画、文字等的方式记录下来。任务二:通过图书、网络查阅各种蜗牛的资料,从中寻找答案。

接下来的几天里,每天都有孩子带来自己的书、网上资料和大家一起分享。每当生活活动、自由活动时,孩子们都会抽一些时间来看看小蜗牛。诺诺、声声还根据自己搜集到的资料,给小蜗牛喂了一些菜叶、胡萝卜、瓜果皮等当食物。妞妞知道蜗牛喜欢阴暗潮湿的环境,还在自己小区中挖了一些湿泥土给蜗牛当家园。

顺着孩子们对蜗牛的兴趣,乐老师生成了科学活动"有趣的蜗牛"和美术活动"美丽的蜗牛"两节集体教学活动。科学活动中,乐老师和孩子们一起系统梳理了蜗牛的相关知识。美术活动中,孩子们用稚趣的笔触描绘了蜗牛的生活。几天后,乐老师和孩子们一起把蜗牛送回"家",让蜗牛回归到自然的生存环境中去。

"小蜗牛"的系列活动来源于孩子身边偶然发现的一只蜗牛。孩子们对它产生了强烈的好奇心和浓厚的兴趣。经过教师的推动和鼓励,生成了一系列的活动,并将其整合到幼儿园一日生活的多个环节中。

我们可以看到在围绕蜗牛的一系列活动中,既有生活活动、集体活动,也有区角活动中的个别化学习。在集体活动中有科学的活动,也有艺术的活动。对于幼儿来说,获得的经验有两类,首先我们要区分这两类经验,第一类是很简单的、大量的,且在日常生活当中幼儿能够通过直接接触自发形成的经验,如下雨后地上会湿等。第二类是相对比较复杂的、少量的,是需要我们专门组织活动进行梳理和提升的经验,也就是我们要组织专门的教学活动(包括集体活动)进行的。既然幼儿的经验分为两类,老师在组织的时候就要准确定位,哪些应该放在集体活动当中进行,哪些可以放在个别化的学习当中,哪些在日常生活当中就可以进行,哪些甚至可以放在家庭当中进行家园共育,还有哪些是可以渗透在其他领域的活动中进行的,如"脚趾头起名字"的活动就是渗透在绘本教学中进行的。幼儿科学探究的途径可以归纳为以下几点。

1. 日常生活

日常生活是幼儿获得有关自然界经验的重要途径,可以分为以下几个方面:第一,一日生活的各个环节。比如说进餐,我们会接触到很多食物,如蔬菜、肉类、鱼类等。第二,天气观察与报告。天气观察与报告和预报有区别,预报是别人告诉的,是接受、被动的,如天气预报说下雨,就只是记录今天下雨,而报告却能记录今天到底是不是下雨,今天的雨到底大不大,是下一整天还是下一会儿等,因此我们需要的是天气观察与报告,而不是预报。很多幼儿园在活动室的角落会有天气预报,只是记录,没有观察。第三,自然考察。如有条件我们应尽可能地带孩子们走出去进行自然考察,要让孩子去大自然中观察,观察各种事物与现象。

日常生活中幼儿学习科学的特点是具有随机性和多样性的,根据我们一日生活环节的不同和天气等情况变化,可以随机性地进行科学教育。

2. 活动区

通过活动区进行科学活动是幼儿园科学教育的一种重要途径及方式。与科学学习相关的活动区分为几类,第一个就是专门的科学发现区。专门的科学发现区中的材料投放是活动区活动的基础,因为材料代表了要探究的内容,代表了对幼儿年龄特点的把握,对班级孩子们发展水平的把握,材料也决定了是让幼儿被动地去接受还是自主地探究。《指南》中提出:"给幼儿提供丰富的材料和适宜的工具,支持幼儿在游戏过程中探索并感知常见物质材料的特性和物体的结构特点。"老师在选择材料时要注意以下几点。

图 16　自然材料

第一,材料的加工程度。简单地说,材料是越自然越好,越真实越好,最好是实物,有些实物可能是没有加工过的,比如说石头、树干年轮等可以使幼儿了解真实的物体。而有些材料可能是加工过的或以玩具的形式出现的,更要重视真实性的问题。比如在一个蜗牛活动中使用的图片(见图17),

图 17　两只蜗牛

幼儿说这是蜗牛,然后老师就问了,"这里有几只蜗牛?"幼儿说这里有两只蜗牛,一只男蜗牛,一只女蜗牛。为什么幼儿会这么说?因为从它们的打扮来看就是男孩和女孩的样子,这幅图离真实的蜗牛很"远"了。

第二,要注意材料的组合结构。一堆材料放在一起,应能揭示一个科学原理,虽然我们不把这个原理告诉孩子,但是这个现象是可以通过材料让孩子去了解、获知的,比如,以下这种组合材料(见图18),便能探讨光和影子之间的关系。

图 18　组合材料

这组材料是教师自己设计制作的。孩子手中的是一个架子、里面插上一张透明的薄膜,就在投影仪前面使用。孩子可以在透明薄膜上面画画,能够激发他们的探究兴趣,以此让孩子来发现光和影子与障碍物体之间的关系。如同"玩瓶"活动中,由于角度不一样,距离不一样,幼儿看出来的东西就不一样。我们一定要想好哪些材料放在一起,是能够让孩子看到想指示的现象的。实验都是通过区角活动中的个别化学习材料,使孩子通过操作看到科学现象,这个科学现象幼儿是没有办法在日常生活中观察到的,我们就要通过实验来模拟好。

这是一组以显微镜为中心构成的材料(见图19)。老师提供了显微镜,每一次都会提供一些不同的材料,比如说这次提供的是洋葱、豆芽和土豆的切片,让孩子放在显微镜下面观察它们的结构,并让孩子记录下来。幼儿可以和别人交流,还可以比较洋葱、豆芽和土豆不一样的结构,也了解了显微镜这一工具的功能。因为有了这样的一些材料,孩子的探究兴趣更浓了,也更深入了,探究能力才可以更好地发展。

第三,要根据幼儿的水平来投放材料。比如,对于嗅觉观察和感知觉观察,我们可以给幼儿提供很多种材料,也可以只提供几种材料,材料的多少会带来什么差别呢?一般来说,

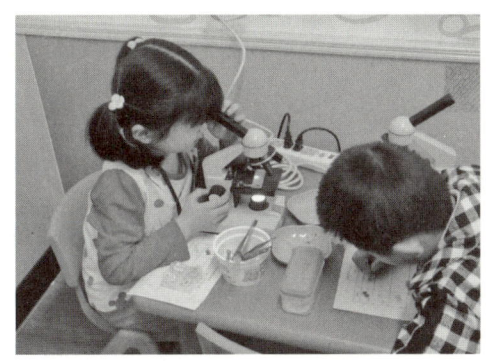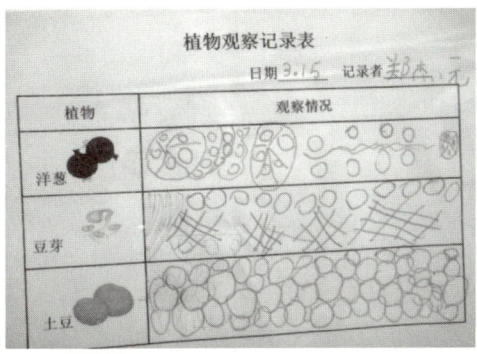

图 19　显微镜及观察记录

气味之间的区别越是明显,对于孩子嗅觉能力的要求就越低;越是种类多区别越是细微,对于嗅觉的要求就越高。除了嗅觉以外,其他感知觉也是这样,例如颜色从无色一直到红颜色,一点点加深,简单的就提供粉红、大红、深红的;如果是比较复杂的,有多种红,加之光线关系,就会很难区别,要反复地比较,以此来发展孩子的观察能力。其他像听觉、味觉、触觉等也是同样的道理。材料提供可以先是简单的,以后逐渐地变复杂。

　　但是也可以既提供简单的材料又提供复杂的材料,以同时适应不同水平的幼儿。比如镜子(见图 20),用一面镜子观察时情况是怎样的,两面镜子时又是怎样,三面镜子又是什么情况,这取决于幼儿的探究能力。如果只能了解到两面镜子也可以,但是有的孩子可以了解三面,甚至更多。这样来区分孩子的发展水平,继而根据孩子的水平来提供材料。

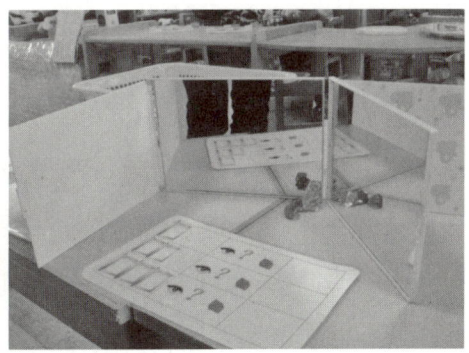

图 20　镜子

　　第四,材料的探究性。老师们很多时候都会说费尽心思提供的材料,孩子们玩了一会儿就不想玩了。这里主要是与材料提供是否有探究性相关,也就是与开放性程度有关系。材料的探究性越强、开放性程度越高,孩子的探究兴趣就会越浓,也会越持久。

　　比如说这一组瓶子响叮当的材料(见图 21):给孩子们提供一组完全相同的玻璃瓶,里面水量的多少决定了敲击出来的声音会有不同。因为水量的多少决定了振动的频率,敲击水

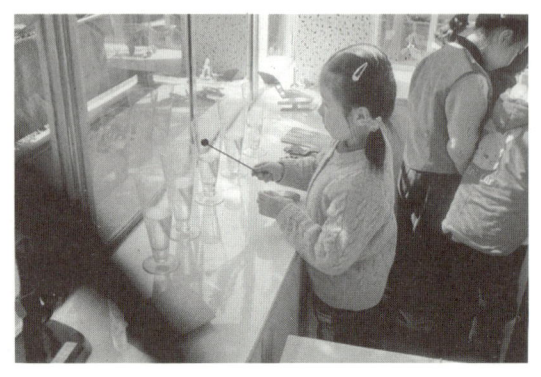

图 21　探究玻璃瓶水量的多少

量不同的玻璃瓶就会发出高低不同的声音。如果我们只是让孩子们去验证，我们将瓶里的水全部倒好了，让孩子去敲一敲，并听一听敲出来的声音有何不同，孩子第一次很高兴，第二次就不想玩了。如果让幼儿自己去放水，让他自己不断去调整水量，来尝试敲击，然后去发现。这样，因为水瓶很多，幼儿可以有多种组合，然后一个一个去探究，老师还可以提供记录纸，让幼儿自己记录，自己进行比较。同样是这组材料，孩子们还可以把它放在瓶里面吊起来，变成一个水瓶音乐琴作为音乐活动，也是很有趣的。沙漏（见图 22）也是一样，老师可以让孩子自己去装里面的材料进行探索。

图 22　探究沙

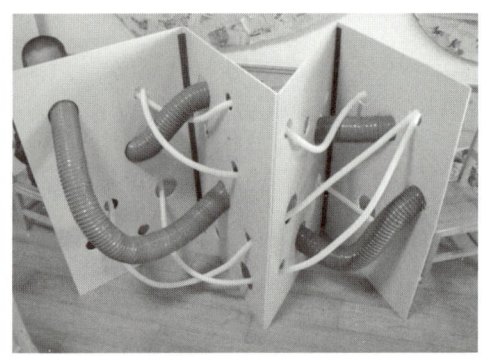

图 23　听觉游戏

又如一个听觉的游戏（见图 23），两名幼儿分别站在两边，可以通过听觉去判断对方的声音从哪根管子里传出来。以前就是用一根绳线，现在有很多线、很多管子，可供幼儿自己去设计和探究。现在我们看到的是两种管子，我们还可以提供更多种让孩子去发现、去探索。需要提醒的是，老师要注意安全，因为声音有时候会很响，特别敏感，提醒幼儿不能大声讲话，需轻声。

我们也经常看到幼儿园会用一些现成的科学实验器材让幼儿实验。比如这种有关油和水混合的材料（见图 24），轮子一转油水就会混合在一起，停下来油水就分离了。

图 24　现成的科学实验器材

如果仅是设计好的、制作好的材料，孩子去操作时就是一种验证，没有太多的探究，不需要动脑筋就能看到看似有趣的现象，这类活动的结果就是验证知识了。

图 25　自来水管

例如水的活动。很多幼儿园都会有，有的是固定式的，有的是做成一个架子，它们不仅可以固定在墙上，也可以独立摆放。图 25 中的幼儿把自来水开关打开，可以观察水是如何流动的。如果这些管子都是固定的，那就没有价值了。

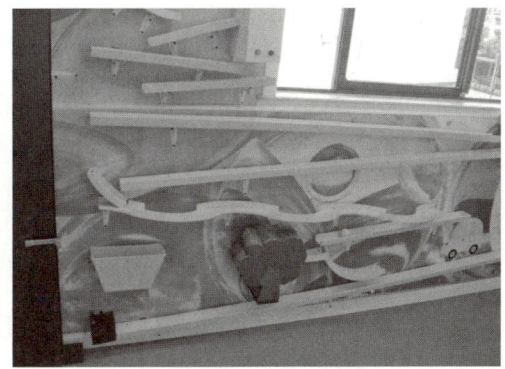

图 26　水管设计

很多幼儿园有这样的设计，孩子们可以将球放在上端，球会延着轨道自动滚下去。这种设计可以有两种：一是轨道都是固定式的；二是部分轨道是可以自由组装、拆卸的。后者让幼儿自己不断去尝试轨道的连接方法，最后连接起来的方法肯定不止一种，这才是真正地去尝试解决问题进行探究。

在沙水区，幼儿可以自由地探究和发现沙子、土和水的各种物理特性以及它们之间的相互关系。学习使用各种容器和工具进行测量和比较，其中包含着很多的数学经验和科学经验。比如水和沙的关系，如果沙里面没有水，就没有黏性。水分的多少与沙子的黏性程度有相关性。在沙地里，可以挖水沟，看水怎么流过来，怎么垒高，怎么掏洞……甚至于让幼儿了解塌方的概念。

自然角（种植角、种植园地）是幼儿园不可或缺的场所，孩子们在这里饲养小动物，栽培植物进行科学探究。

图 27　自然区

　　幼儿园常常把一些要重点观察的种植、饲养的内容放在这里，另外还配备了 iPad、图纸、图表、智能纸笔等辅助观察与实验的材料和工具，供幼儿进行观察与探究。

图 28　屋顶花园

　　有些幼儿园占地很小，也想方设法进行创设，例如这所幼儿园打造了一个屋顶花园（见图 28）。这样既是种植园地，又可以走迷宫。

　　又如可以用种植的树做成的迷宫（见图 29），大家可能认为植物做迷宫很麻烦，需要不断地护理，不如石头的或泥土的迷宫好打理。但是，如果从科学探究的角度来讲，树的迷宫会更好。在一年四季里，树都是不一样的，这就会引发幼儿的探究。我们要创设自然环境，只有在这种自然创设的环境里，幼儿才可以挖出一个小虫子，才可以看到蚂蚁，才可以看到下雨后这里有个雨水坑而那里没有，这样会引发幼儿思考：雨到哪里去了呢？另外，还可以在泥土里掏一掏，下面又有小虫的尸体，那边有小草发芽了，不知名的野花开花了……如果都像人工草坪做得那么漂亮，幼儿是没有办法探究的，所以说自然的环境能给予幼儿的科学探究提供非常好的支持。

　　除了科学发现区、沙水区、种植（饲养）区以外，其他活动区中也蕴含科学探

图 29　树做的迷宫

究的价值。例如在美工区,幼儿可以通过玩色,探究和发现颜色混合所发生的奇妙变化,发现各种不同的纸与颜色相互作用所发生的变化。建构区也可以体验到力与平衡、斜面与运动的相互关系等。这就是渗透在其他领域的科学活动了。总之,活动区的科学探究具有个别性、自主性的特点。

3. 其他领域的活动

幼儿园各领域的活动中都可挖掘科学教育的价值,具有渗透性、整合性的特点。如图 30《指南》中艺术领域的目标以及典型表现,图中有下划线的文字部分都和科学领域直接相关。

《指南》"艺术"领域

(一)感受与欣赏
目标1 喜欢自然界与生活中美的事物

3—4岁	4—5岁	5—6岁
1.喜欢观看花草树木、日月星空等大自然中美的事物。 2.容易被自然界中的鸟鸣、风声、雨声等好听的声音所吸引。	1.在欣赏自然界和生活环境中美的事物时,关注其色彩、形态等特征。 2.喜欢倾听各种好听的声音,感知声音的高低、长短、强弱等变化。	1.乐于收集美的物品或向别人介绍所发现的美的事物。 2.乐于模仿自然界和生活环境中有特点的声音,并产生相应的联想。

(二)表现与创造
目标2 具有初步的艺术表现与创造能力

3—4岁	4—5岁	5—6岁
1.能模仿学唱短小歌曲。 2.能跟随熟悉的音乐做身体动作。	1.能用自然的、音量适中的声音基本准确地唱歌。 2.能通过即兴哼唱、即兴表演或给熟悉的歌曲编词来表达自己的心情。 3.能用拍手、踏脚等身体动作或可敲击的物品敲打节拍和基本节奏。 4.能运用绘画、手工制作等表现自己观察到或想象的事物。	1.能用基本准确的节奏和音调唱歌。 2.能用律动或简单的舞蹈动作表现自己的情绪或自然界的情景。 3.能自编自演故事,并为表演选择和搭配简单的服饰、道具或布景。 4.能用自己制作的美术作品布置环境、美化生活。

图 30　"艺术"领域的目标

比如说目标二:表现与创造,其中指出"能用声音、动作、姿态模拟自然界的事物和生活情景",虽然指的是艺术,却与科学探究相关联。

文/朵琳·克罗宁　图/哈利·布里斯　译/陈宏淑

蚯蚓的日记

少年儿童出版社

图 31　绘本封面

又比如语言领域,在《蚯蚓的日记》绘本中有这样一个画面(见图32),爷爷教过我们礼貌非常重要。所以今天我对遇到的第一只蚂蚁说"早安"。"队伍里还有六百只蚂蚁,我在那里站了一整天。"

图32 绘本内页

这个画面告诉我们什么? 有的老师说是教育幼儿有礼貌,其实所表示的是"蚂蚁是群居的",以及其特征、习性等很多很有趣的内容,在阅读活动中自然而然地可获得这些信息。

4. 集体活动

集体活动具有引领性和系统性,在集体活动中,引进能反映科学探究领域客观事物或现象之间的关系或联系的中心概念(表象形式的初级概念),以中心概念为纲,整理有关的自发经验形成知识及能力的网络。

比如说"动物怎样保护自己"(见图33),从幼儿的水平来说,也就是动物的保护机制,从科学领域来说,它属于基本生物学规律,因为动物的防卫机制是从属于其身体构造和行为特征的。从幼儿的角度来分析,一方面,动物的防卫机制有比较明显的外部特征和表现,幼儿可以通过直接观察就了解到。另一方面幼儿自发经验中有大量的有关动物防卫机制的表象性经验,可以利用。这样就可以设计一个集体活动,如大班有一个主题"学来的本领"。像这样的活动,比较适合在一个集体活动中,把幼儿已获取的大量信息放在一起进行梳理与提升,这有助于幼儿获取更多的经验。

> 动物怎样保护自己
> ——动物的保护机制
>
> **科学：基本生物学规律——动物的身体构造和行为**
> **特征依从属于其生存环境**
>
> **幼儿：**
> **1. 动物的防卫机制有比较明显的外部特征和表现**
> **2. 幼儿的自发经验中已有大量的有关动物防卫机制**
> **的表象性经验**

图33　科学活动

　　总之，基于《指南》的精神，我们首先要关注科学领域的核心经验，其次应引导幼儿亲历探究的过程，最后要优化科学探究的途径。

生活中的科学

　　1. 找寻生活中可供幼儿科学探究的内容与材料，思考哪种材料是幼儿最愿意深入、持久探究的？

　　2. 搜集多种主题的绘本，并尝试从中挖掘其中的科学元素，尝试选取一本设计科学活动。

　　3. 分析自己班级的活动区（科学发现区），思考如何调整和改进？

第二讲

幼儿

科学活动

内容选择及环节设计

如何设计幼儿科学活动？此讲立足幼儿园实际科学教学的需求，展示了幼儿在"破案游戏"、"比赛游戏"、"魔术游戏"中对感兴趣的事物或现象的探索，并提出了依据内容设计幼儿科学活动的三个思考点：一是从幼儿的兴趣出发——抓住兴趣、合理筛选，二是从幼儿的生活出发——善于观察、时常思考，三是从科学知识点出发——大开脑洞、适度挖掘。

痕迹（大班）

尚　近

活动目标

1. 丰富有关痕迹的经验，能发现并描述痕迹。
2. 愿意参与破案游戏，尝试用观察、比较、推理等方法解决问题。

活动准备

1. 三张桌子：一张桌子上放着餐巾纸、抹布、香水瓶、梳子等生活用品；一张桌子上放着双面胶、蜡笔、卷笔刀、颜料盒等文具用品；一张桌子上放着橙子、饼干、巧克力、面包等食品。

2. 留下有不同痕迹的透明盒子。纸屑——餐巾纸；水滴——抹布；香水味——香水瓶；头发——梳子；双面胶印子——双面胶；画笔印——蜡笔；铅笔屑——卷笔刀；颜料盒印——颜料盒；橙子皮——橙子；饼干块——饼干；巧克力——巧克力；面包屑——面包。

3. 自制相关 PPT。

PPT1：侦探图片。

PPT2：三种颜色的"房间"图片。

PPT3：有关医生、护士、男学生、老师、女学生、农夫、渔夫的图片。

PPT4：有关痕迹的图片（选自绘本《是谁留下的痕迹》）。

4. 自制"房间"图片。

房间 1：针管、口罩、笔、护士帽图片。

房间 2：书包、铅笔盒、面包屑、芭比娃娃图片。

房间 3：水滴、渔网、草帽、脚印图片。

一、痕迹推理

1. 导入：出示PPT1

师：这是一位侦探，今天，他想请大班的朋友们一起来破案。在破案之前，他想先考考大家，一起来玩一个推理的游戏。

今天侦探带来了几个盒子（放在你们座位下面了），这些盒子里曾经放过一些东西，请大家仔细研究留在盒子里的痕迹，去找找里面原来装着什么东西。

图1　教师介绍推理游戏的材料

2. 幼儿痕迹探秘

教师先介绍推理游戏的材料：三张桌子上分别放着生活用品、文具用品与食品，再请幼儿去桌子上寻找与自己盒子里痕迹有关的东西。

重点提问：你的盒子里原来装着什么？你是怎么发现的？

3. 与幼儿交流发现（根据本班的实际活动情况进行）

（1）同未找到与痕迹相关东西的幼儿的交流。

幼儿A未能找到与自己盒子里痕迹相关的东西，这是为什么呢？

教师与幼儿A交流发现，是因为有幼儿拿错了与自己盒子相关的痕迹物。

（2）同找到与痕迹相关的幼儿的交流。

图2　教师与未找到与痕迹相关的幼儿交流

教师与幼儿交流发现事物所用的方法。

幼儿B通过用手摸的方式，发现了与盒子有关的痕迹是双面胶。

幼儿C与幼儿D通过用眼睛看的方式，发现自己盒子里装的是不同形状的饼干。

4. 教师小结

有时事物经过会留下痕迹：有的痕迹是它的印子；有的痕迹是气味；有的痕迹是它身上的一部分；还有的是带给我们的感觉。

我们可以用看一看、闻一闻、摸一摸的好方法，去发现痕迹。

二、破案游戏

1. 教师提问

事物经过会留下痕迹，那么人呢？人来过会留下痕迹吗？会留下什么痕迹呢？接下来，小侦探就要请大家来破案了！（鼓励幼儿说出自己的想法）

幼儿：人走过会留下脚印的痕迹；人摸过的东西会留下指纹；人躺过的地方会留下印子……

2. 幼儿四人一组玩破案游戏

（1）教师介绍游戏材料。

教师出示 PPT2，介绍三间不同颜色的房间。每间房间都曾经进去过一个人，他留下了四种痕迹。

教师出示 PPT3，介绍不同身份的七个人，并请幼儿想想这些人会留下什么痕迹。

请幼儿说一说有哪个人的身份是自己不认识的？请其他幼儿帮忙解答。

（鼓励幼儿大胆说出自己的想法）

（2）幼儿四人一组去"破案"。

教师将自制的"房间"图片，分别放在三张桌子上，请幼儿四人一组去破案。

教师提问：仔细看看痕迹，想想这个房间里有谁进去过？

（3）与幼儿交流发现。

教师出示 PPT2：与幼儿交流第一间房间是谁进去过？（先鼓励幼儿说出自己的理由，再集体讨论）

图3 幼儿在"破案"

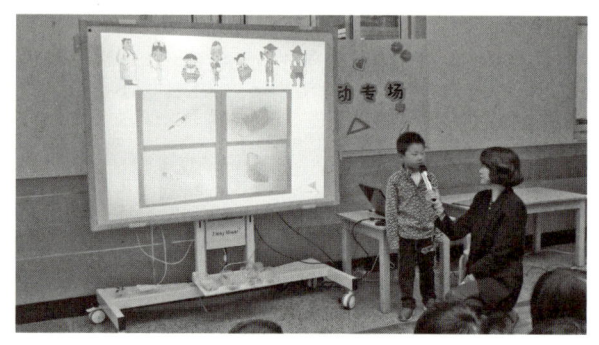

图4 幼儿在分享"破案"经过

关于第一间房间：是医生进来过还是护士进来过？要看一些关键性的痕迹，比如针筒与护士帽。

关于第二间房间：如何确定是女学生？有的痕迹只能让我们缩小范围，告诉我们肯定是个学生，比如书包、铅笔盒；有的痕迹一下子就能让我们找到答案，如面包屑。

关于第三间房间：哪一个痕迹是最关键的信息？比如脚印，所有人里面只有渔夫没有穿鞋。

3. 教师小结

通过观察、分析、猜测和推理，就能找到是谁留下的痕迹。

三、经验拓展

1. 观看绘本《是谁留下的痕迹》

物体经过、人经过都会留下痕迹。其实，生活中还有很多很多的痕迹，我们一起来看一看《是谁留下的痕迹》。

2. 出示 PPT4，讲解有关痕迹的故事

教师总结：人可能会留下许多种痕迹，希望不要留下垃圾的痕迹。

图5 教师介绍绘本《是谁留下的痕迹》

想一想

1. 在"痕迹推理"环节中，教师为幼儿准备了推理游戏所需的材料，这对幼儿科学学习的意义是什么？

2. 在"破案游戏"中，为什么在幼儿分组完成"破案"之后，要交流小组的发现？

活动反思

本次活动来自绘本《是谁留下的痕迹》。我们知道在大班的科学探索活动中，观察、推

理、猜测是非常重要的科学探究的能力,怎样设计活动才能让幼儿的这些能力在活动中得到锻炼与发展,并与幼儿的日常生活结合起来呢? 在绘本里谈到,痕迹不仅告诉你这些地方谁曾经来过,而且还会告诉你这些人或者事物在这里做过什么。

通过本次活动,幼儿获得关于痕迹更全面的经验,知道物体和人都会留下痕迹,留下的痕迹是多种多样的。回归生活后,幼儿对于周围的事物观察兴趣会更高,对于发现痕迹与事物之间关系的意识和主动性会有很大提升,并获得更多观察、分析、推理的经验以及解决实际问题的能力。本次活动,我们只是给孩子们一个探索的开始,更重要的是在他们回归生活的时候,会激发孩子们去猜测、探索这些痕迹,会有更强大的观察和探究能力,这正是我们科学探索活动的初衷。

活动评析

这个活动涉及的经验比较多,包括运用线索图片、实物教具、孩子结合事物说出来的经验等。如果将这些经验进行分类,大约有 50% 是大班幼儿已有的经验;有 40% 是大部分幼儿与同伴交流获得的经验,还有 10% 的经验是需要老师引导来获得的。这是一个整合经验的推理活动。本次活动在推理的过程中,影响幼儿推理的内容有以下几个层面:第一层,老师预测的图片和内容是什么;第二层,老师有效的引导如何,引导幼儿观察到了什么,这很考验老师的教学水平;第三层,幼儿能否进行细致与专注的观察,能否考虑到观察的每个要素;第四层,幼儿与同伴之间能否进行有效的倾听,幼儿是否能在有限的时间内表述自己的想法。这四个层面的内容,决定了幼儿能否进行顺利的推理。因而,在进行活动设计的时候,我们需要将以上这些因素考虑在内,并将其一一细化在活动过程中。

(点评专家:刘树樑)

扫一扫,获取现场
活动视频

风帆车（大班）

傅　毅

活动目标

1. 在玩风帆车游戏的过程中，感知风对帆的作用力。
2. 尝试使用观察和比较的方法找到问题，并改良自己的风帆车。

活动准备

自制小风帆车（最好每名幼儿一辆）、帆船视频、坡道、坐垫。

活动过程

一、初试风帆车

（目的：观察风帆车在风的作用下产生动力的现象）

1. 认识风帆车

重点提问：风帆车怎么开？风要怎么样才能开，为什么？风吹哪里才能开？

图 1　教师出示风帆车，并问幼儿风帆车怎么开

2. 幼儿开小车

幼儿尝试用坐垫将风帆小车扇动。

教师指导：怎么样可以让车开快一点儿。

图 2　幼儿用坐垫扇动风帆车

3. 与幼儿交流、讨论

重点提问：你是用什么办法将风帆车开起来的？

（1）幼儿 A：连续扇了（风帆车）很多下，就可以开得很快。

教师：只要扇就可以开起来吗？（引导幼儿思考，扇的时候要对准帆）

图 3　与幼儿讨论怎么扇可以让风帆车开起来

（2）幼儿 B：对准帆扇得很快就可以（让风帆车开起来）。

教师：只要对准帆扇就可以了吗？（引导幼儿思考，扇的时候还需跟着帆前行）

（3）幼儿 C：要一直跟着帆扇；不跟的话，风离帆太远就吹不到它了。

教师示范动作：蹲下来，用坐垫对准

图 4　教师做出扇的动作，却未跟着风帆车前行

帆扇,然后一直跟着风帆车扇着前进。

教师小结:原来我们用坐垫往风帆上扇风,并且跟着它就可以让小车开起来。

二、比比谁更快

(目的:尝试通过改变自己扇风的方法来让风帆车开得更快)

1. 尝试开快车

让幼儿试试怎么可以让风帆车开得快起来。

教师指导幼儿,提醒他们试试怎样可以让风帆车开得越来越快。

2. 赛车比赛

规则:从起点出发,让自己的风帆小车最先冲过终点线,获胜者可以留在擂台上。

幼儿两两来比赛。(一轮比赛后,可再请幼儿自主来挑战获胜者)

重点提问:你们觉得谁会赢?为什么?(引导幼儿思考获胜的原因可能有哪些)

图5　两名幼儿准备赛车比赛　　　　图6　比赛中的幼儿

3. 与幼儿交流、讨论

(1)教师提出要与冠军幼儿比赛,问幼儿谁会赢?(引导幼儿观察两辆风帆车,并思考扇风力气大就一定能赢吗)

(2)如何让风帆小车开得更快?

教师小结:车的快慢,不仅与扇风的力气大小有关,而且还跟风帆的大小有关。

三、小车冲上坡

(目的:比较不同风帆面积对风帆小车移动的影响)

1. 幼儿尝试让车上坡

规则:让小车冲上坡,并从另一端滑下来。

目的:再次让幼儿感受风帆车的速度会受什么影响。

图7　教师用垫子和蜡笔盒自制山坡　　　　图8　请幼儿自制山坡

图9　幼儿尝试让车上坡　　　　图10　幼儿换种方式尝试让车上坡

2. 与幼儿交流、讨论

重点提问：为什么小车冲不上坡？你遇到了什么困难？有什么办法可以解决吗？

目的：引导幼儿表达想法，并鼓励通过同伴讨论的方式来解决问题；同时启发幼儿关注帆的大小会影响车的速度。

3. 幼儿再次尝试

基于以上的分享讨论，幼儿再次尝试让车上坡。

四、激发幼儿继续探究的兴趣

还有哪些更省力的办法可以让风帆车开得更快，让我们以后再继续探索吧。

想一想

1. 如果将此类活动延伸至活动区，你认为可以怎样做？
2. 关注活动过程中的教师提问，思考教师的提问对幼儿的学习有什么帮助。

活动反思

活动设计的初衷是以玩为主，在玩中学。我们知道影响风帆车的因素有很多，在这个活

动中,我们尽可能减少变量而选择一种风帆车。在活动中,有两个方面会影响风帆车的速度:第一是孩子们所说的力气,其实不只是力气,还有姿势(蹲下来、持续跟进);第二是我们在风帆车上有一个改良,就是帆有大有小。今天活动中有的是半帆,有的是全帆,目的是让孩子们在游戏中能更真实地感受到:风帆大小的不同会影响风帆车的速度。孩子们通过观察和比较,了解了这两个方面对风帆车行走速度的影响。活动最后,孩子们不仅获得了关于风帆车的经验,更重要的是,孩子们是自己通过探究而获得的结果。

活动评析

这个活动到后来,好像成了一个运动活动,让孩子们的肌肉得到了锻炼,最重要的是孩子的积极性被充分调动了。首先,说一个小插曲,有关坡道的设计,在之前的设计中坡度比今天的要高一倍。在试教中发现坡度太高的话,孩子们都上不去,让孩子们成功体验很低的话就不是一个成功的活动。为此,在本次活动中就把坡度改低了。在本次活动中,你们注意到孩子们说什么了吗? 孩子们说:"坡道太低了。"但其实在之前的几次试教中,我们发现坡度高的时候,孩子们是不太容易上得去的。可见,活动前我们要考虑很多预设的因素和活动中有可能出现的情况。

本次活动现场是经过调整的,我们从中看到了两个良性的循环:一个是老师在引导孩子们玩的过程中,老师和孩子们都觉得这个活动好玩,而且操作更加有效;在最后上坡的环节中,孩子们互相在比赛,同伴之间互相在加油;另一个是在活动开始的环节中,孩子们玩的时候很开心,老师与孩子们分享经验的时候,由于语言的丰富性帮助孩子们获得了丰富的经验。活动中有一个穿粉红色衣服的女孩,在第一次操作的时候,车子只移动了三四厘米,直到老师说开始讨论的时候,车子都没怎么动;但在第二次操作的时候,车子不仅动起来了,而且跑了一个来回。其实,从活动中我们看到的孩子们的表情、动作,便能看到孩子们的收获,也能感知到活动是否真的有效。

(点评专家:刘树樑)

扫一扫,获取现场
活动视频

玩磁铁（小班）

范 瑜

范 瑜

活动目标

1. 感受磁铁的特性，了解到磁铁有很多好"朋友"（能被磁铁吸住的东西）。

2. 能用感官或动作自主发现，关注动作所产生的结果。

活动准备

飞镖（毽子下面贴上小磁铁）、靶盘、标志贴纸（笑脸、手）、魔术视频。

活动过程

一、玩一玩飞镖游戏(感受磁铁的特性)

引导语：今天，我们来玩飞镖游戏，想玩吗？听清规则，站在垫子上，将手里的飞镖扔到前面的靶盘上，越往中间的圈，越难扔到哦，谁先来试试？

1. 幼儿尝试

（1）幼儿个别尝试玩飞镖游戏。

（2）在个别尝试后，组织全体幼儿自由玩飞镖游戏。

图1 幼儿自由玩飞镖游戏

2. 老师也来玩飞镖游戏

重点提问：为什么老师的飞镖不能扔到靶盘上？（引导幼儿思考飞镖的秘密，即因为里面有小磁铁）

图2　老师玩飞镖游戏

教师小结：秘密就在亮亮的圆片上，它就是小磁铁。小磁铁和磁性黑板是好朋友，它们一碰到就会牢牢地吸在一起。

二、找一找磁铁朋友（寻找磁铁可以吸住的物品）

引导语：磁性黑板是小磁铁的好朋友，在我们身边还会有什么东西也是小磁铁的好朋友呢？让我们带着小磁铁去找一找它的好朋友，看看小磁铁能吸住教室里的哪些东西？

1. 幼儿自由寻找教室内的磁铁朋友

（鼓励幼儿用磁铁尝试吸住教室内的各种物品，并贴上笑脸标记）

图3　尝试用磁铁吸椅背上的小铁钉

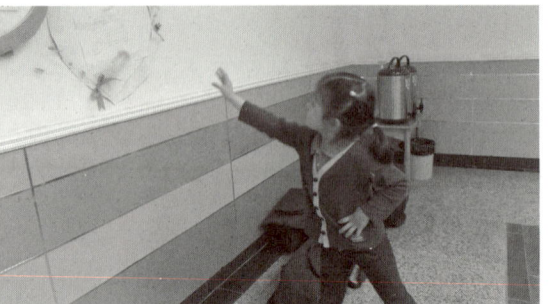

图4　尝试用磁铁吸墙面

2. 与幼儿交流找到的磁铁朋友

重点提问：你们找到小磁铁的朋友了吗？是什么？谁来说一说？

（分享并验证小磁铁是否能吸住幼儿找到的磁铁朋友）

图5　幼儿找到小磁铁的好朋友——门把手

图6　幼儿找到小磁铁的好朋友——椅子上的铁管

图7　幼儿找到小磁铁的好朋友——小磁铁

教师小结：我们的小朋友们真能干，发现了许多小磁铁的好朋友，并验证了它们都能和小磁铁牢牢地吸在一起，你们真了不起。

三、看一看磁铁魔术（拓展幼儿对磁铁的兴趣）

引导语：玩了这么久，觉得磁铁有趣吗？想不想再去找找教室外面的磁铁朋友啊？

教师播放魔术视频，请幼儿发现磁铁更多的秘密。

图8　与幼儿一起观看魔术视频

教师小结：原来小磁铁有那么多神奇的小秘密，我们下次再去发现！

想一想

1. 幼儿在活动中了解了磁铁的什么特性？你认为这节活动的价值有哪些？

2. 如果请你以"磁铁"为主题设计或组织活动，你会怎样做？

活动反思

一是活动设计的思路和来源。在平日活动中，发现孩子们对磁铁的兴趣很大。而有关磁铁的活动，对小班幼儿来说是有一定难度的，一般来说是放在中班进行。为此，我们根据小班下学期幼儿的发展水平，将活动目标定位在让幼儿感知磁铁的主要特性，即能吸在一些东西上，让孩子们去探索生活中有哪些东西是磁铁可以吸住的，并遵循小班幼儿的发展规律，采用游戏的方式来进行。

二是活动中一些标记的运用。一个标记是动手的标记，一是提醒幼儿注意安全，在生活中不可以无限制地尝试；二是拓展幼儿尝试的一些范围，告诉幼儿除了这些需要注意外，其他地方都可以去尝试。另一个标记是笑脸标记，因为在科学活动中有一个验证的过程，使用这个标记既可以帮助幼儿进行个体单向的验证，而且也可以成为幼儿与同伴之间经验共享的提醒。如果幼儿看到其他幼儿已经贴上笑脸的标记了，他就可以拿着小飞镖去试着吸一吸。

活动评析

本次活动有两点内容让我印象深刻：一是在门把手贴毽子的女孩子，当老师说她成功了的时候，她的脸上表现出了喜悦和自豪感；还有一个是在吸勺子的时候，当老师问怎么知道小磁铁能吸住勺子时，有一个小男孩说了一句：试一下就知道了。在科学活动中，究竟让幼儿探索什么呢？总结起来，第一是兴趣，第二是体验过程，第三是发展能力。当女孩子拿着小飞镖贴在门把手的那一刻，她的内心是自豪的，这种难得的体验同时也给她自己留下了深刻的印象。

本次活动虽然时间上有点长（进行了 25 分钟），但我们发现孩子们在活动中的专注力是比较集中的。另外，我还注意到在最后一个视频结束的时候，有很多幼儿是皱眉头离开的，这说明孩子们是很想知道魔术视频中的秘密,当然,这个环节的设计激发了孩子们继续探究的兴趣。本次活动中的孩子们通过这样一节集体的探究活动,对磁铁的特性进行了初步探索,更重要的是在第二环节,老师给了孩子们一个比较开阔的思路——让孩子们在教室里,在孩子们真实的生活场景中去试一试,这无疑给了他们一个亲身体验探索的机会。这些都有助于发展幼儿初步的探究能力。

(点评专家:刘树樑)

扫一扫,获取现场
活动视频

幼儿科学活动内容选择及环节设计

刘树梁

在《指南》中提到:幼儿科学学习的核心是激发探究兴趣,体验探究过程,发展初步的探究能力。也就是说,在幼儿科学活动中,首先要让幼儿有兴趣学习;其次要让幼儿在科学学习活动中,能体验到世界的美好,从而增加对活动的兴趣。最后在激发兴趣、体验探究的过程中,还能提升幼儿的探究能力。

我们生活的世界大致可分为:自然世界和人造世界。那如何让幼儿探究这个世界的美好? 我们需要为幼儿设计教学活动,给幼儿提供一种亲身的体验。如何设计科学领域的活动呢? 就目前来看,首先遇到的最大问题是设计什么选题的活动。除此之外,在设计的活动中,如何将当前幼儿教育所倡导的自主性、趣味性等落实到具体活动中,又会存在一定困难。接下来,谈谈我在幼儿园实际教学工作中对如何设计幼儿科学活动的思考。

一、活动设计之选题(选点)

所谓选点即如何选择核心价值。选点的影响因素很多,幼儿会根据点的不同表现出不同的兴趣;如果选的点好,就能引起幼儿的兴趣,活动设计的环节也会比较顺利。

图1 选题角度

(一) 从幼儿的兴趣出发——抓住兴趣、合理筛选

1. 案例：小飞机

对话 1：

师：这架飞机的名字叫什么？

幼：玫瑰号。

师：机舱的位置在哪里呢？

幼：在后面。

对话 2：

师：你这架飞机的名字叫什么？

幼：美丽号。

师：你这架飞机还蛮特别的，机舱的位置在什么位置？

幼：中间。

对话 3：

师：你这架飞机的名字叫什么？

幼：闪电号。

师：机舱的位置是在什么地方？

幼：前面。

在以上案例中，我们看到了三种类型的飞机，机舱的位置分别在前面、中间、后面（相对于其飞行方向来说的）。哪一种类型的飞机会飞得更好呢？我们来听听孩子们是怎么说的。当老师问，你觉得机舱安装在飞机的前面、中间还是后面，哪个位置会更好？为什么呢？幼儿几乎全部回答应该贴在中间，说因为这样看起来会好看一些。这与孩子们对于飞机的经验是有关的，因为孩子们乘坐的民用飞机的机舱都在中间。所以当幼儿看到设计的机舱后，联系到自己的经验，认为机舱就应该设置在中间。

2. 活动的由来

在我们园里，大班会有折纸飞机的活动，主要是为了让幼儿了解对称的基本概念。然而，当孩子们在玩纸飞机的过程中，总会出现把纸飞机飞烂的现象。为此，孩子们向老师提出要做一架飞不烂的飞机。于是，老师让孩子们回家先收集有关飞机的资料，随后与老师们讨论如何制作飞机。

考虑到幼儿园只有KT板、硬纸板两种材料可以选,几位老师再次商量如何做一架飞机。然而,影响飞机的因素很多:飞机的形态、空气的动力学等。为此,老师们制作了很多形态的飞机,如圆形的、长方形的、椭圆形的飞机等。飞机制作好后,开始测试承重物重量,老师想让孩子们来尝试思考使用什么材料来做。

孩子们选了很多的材料来当承重物,试出来的结果如下:太重、太轻的承重物都不太好;有一个合适的材料——圆筒纸芯,不过需要往纸芯里塞些东西才好,而且塞的东西要不多也不少,刚刚好才行;如果将同样重量的承重物放在不同形态的飞机上,会发生不同的结果。基于此,才有了"小飞机"这个活动。

(二) 从幼儿的生活出发——善于观察、时常思考

图2　从幼儿生活出发

1. 案例:捉虫的由来

请大家看看图2中的孩子们在干什么?想想这个活动是怎么来的?

每年9月份,我都会带着大班幼儿去"兜"幼儿园,去看看过完暑假之后的幼儿园有哪些变化。我特别喜欢带孩子们去一个地方——小园子。这次带他们刚进去5分钟,孩子们就从小园子里跑了出来,说是里面有蚊子叮。于是,我们回到教室,分享交流自己的发现,并开展了谈话活动。

2. 及时捕捉幼儿的兴趣

谈话活动主要集中在两个问题的交流:

第一,什么是植物?当有名幼儿说,这里面的植物长得很高时,就有幼儿问什么叫植物?有的幼儿说花呀草呀的就是植物,还有幼儿说不会动的就是植物,这个观点遭到一名幼儿的质疑,他提出:食人花就是会动的,但食人花是植物。接着,又有幼儿补充道:食人花是会动的,不过它动得很慢。于是,孩子们开始争论起什么是植物,我当时也没有明确回答他们,而是让孩子们回家查资料。

第二,怎么捉虫?孩子们提出,园子里面的蚊子好多。于是,从虫子谈到了昆虫,有的幼儿提出问题:蚊子是害虫还是益虫呢?有的幼儿认为只要喂食叶子,看昆虫是否吃叶子,吃就是害虫,不吃就是益虫。老师便趁机提出问题:吃叶子的就是害虫吗?孩子们提出,那需要对虫子进行观察才行。于是,怎样捉虫子就成为孩子们都感兴趣的话题。捉虫需要捉虫的工具,老师没有明确告诉孩子们有哪些工具可以用,而是让他们回家后寻找捉虫工具,并将其带到幼儿园。

精彩的活动即将开始。第二天,几乎所有的幼儿都带来了工具。其中有名幼儿带来一大包,除了基本的捉虫工具外,还有一个防蚊贴。这名幼儿将防蚊贴拿起来贴在身上后,就迫不及待地问老师什么时候可以去捉虫。就这样,老师带着孩子们去捉虫子……大概20分钟后,孩子们抓到了3条虫:1条鼻涕虫(蜒蚰)和2条西瓜虫。老师和孩子们回去交流,问孩子们捉虫是否成功,孩子们觉得不太成功,原因在于:太吵了没能捉住虫、工具不行(乐高的镊子)、园子里的小虫子太狡猾了等。当老师问捉到虫子的幼儿是如何捉虫的时候,这名捉住西瓜虫的幼儿经验相当丰富,他很详细地描述了自己捉西瓜虫的过程。有了捉虫的经验,孩子们期待第二天再去园子里捉虫……

由此看来,在孩子们的日常生活中,有太多的点可以作为科学活动设计的内容。只需我们老师能够及时发现孩子们的兴趣,并创造条件带着孩子们去尝试、去探究。

(三)从科学知识点出发——大开脑洞、适度挖掘

这里介绍一种选点的方法,我将它称为穷举法,即画点法。比如,声音、风,我们以此为点,然后将能想到的所有的点都画进去,之后再根据实际情况深入挖掘与筛选。后面介绍的"风帆车"就是通过这种方式设计出来的。

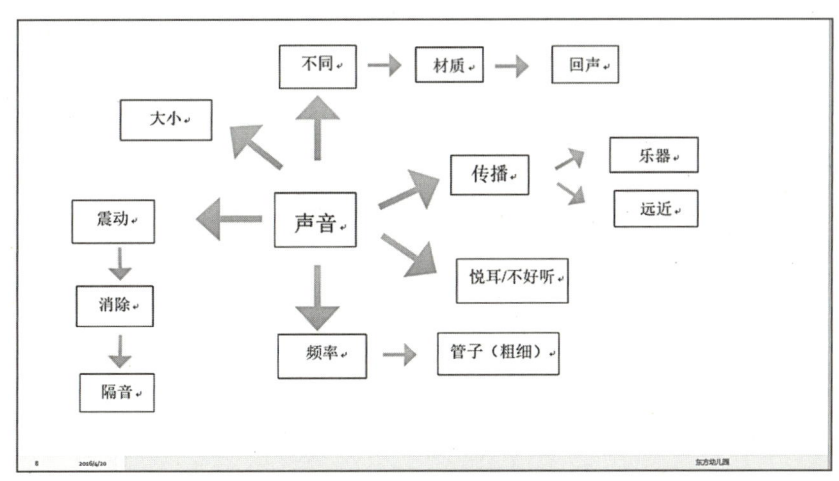

图3　有关声音的设计

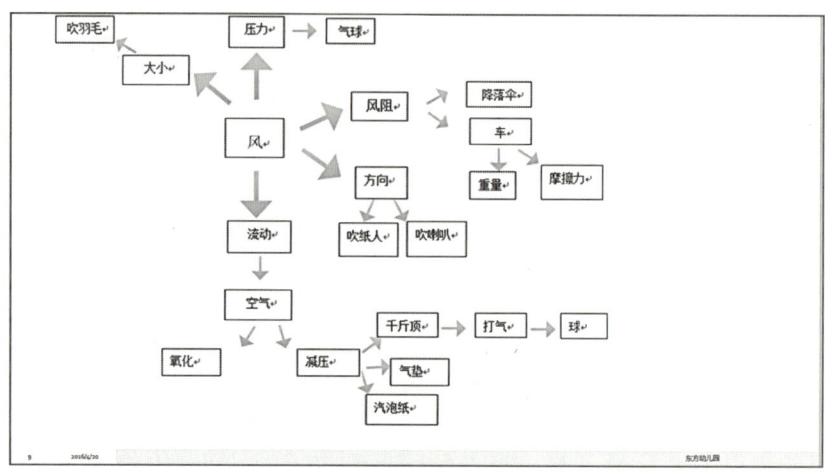

图4　有关风的设计

二、活动设计之环节

（一）案例：风帆车

1. 孩子在活动中的表现

我们先来看一个小男孩在风帆车活动中的表现。首先思考小男孩是如何让风帆车动起来的。

图5　活动开始时小男孩的表现

图6　与小女孩比赛中的小男孩

接下来，我们思考三个问题：

第一，为什么他失败了？（手拿垫子的手势）

第二，他有调整吗？（换拿垫子的方向）

第三，为什么呢？（可能觉得不顺手，也可能是看到了同伴的动作）

从小男孩在活动中的表现来看，调整手拿垫子的姿势对他来说并不难，但在活动中，他只是满足于让车子动起来，而没有考虑其他更深入的问题。这其中的原因可能与他探索风帆车的时间是有关系的；与没受到老师引导有关；与他自己刚才在做其他的事情有关系。

这是第二次试教时候的活动照片，在这之前的试教活动中，遇到一个最大的问题就是活动的时间短。时间短可能会引发很多问题，比如在最后一个环节第二次上坡的画面中，小男孩不假思索地将风帆车拿起后先是往后放再上坡（他可能有过上坡的经验），之后，小男孩对面的幼儿也开始模仿他的上坡方式。其实，幼儿学习的过程就是这样一个从模仿开始的过程，也可以说是幼儿之间经验分享的过程。

2. 针对幼儿表现的活动设计思考

根据小男孩在活动中的表现，回顾我们对该活动的设计，主要可从以下两方面进行思考：

一是选择风帆车的科学知识点。风帆车的相关知识点有很多，经过思考和讨论，我们将研究重点落在了帆上，如帆的位置（前后、侧面与正面）、帆布的材质（纱布与塑料袋）、大小、长度、方向等都会对风帆车的行驶产生影响。当我们确定了知识点后便开始了相关实验。我们在设计实验时，有意识地设计了一个坡度，并用大积木测试不同材质的风帆车对车速的影响。起初我们是从下坡开始研究的，之后考虑到幼儿的好胜心比较强，当幼儿在放手让风帆车下坡的时候，难免会用手推车子，于是便将下坡改为上坡。

二是活动设计的科学性问题。由于幼儿的力气有大有小，使得很难将实验变量控制好，这会导致活动的不公平。那么怎样才能做到公平呢？我们考虑可以在活动室准备8台风扇，然后让孩子们利用风扇比一比哪辆风帆车跑得远。但是经过反复思量，我们没有采用这个方法。因为让幼儿用垫子扇风，会更好玩一些，孩子们的表现也会更自然。在本次活动中，当孩子们拿到风帆车玩具后，他们只想去玩，并没有注意到帆的大小不同。这其实就给了孩子们一个自主探索和发现的机会。

（二）案例：玩磁铁

在幼儿园如何让孩子们了解磁铁的基本特性呢？我们先来思考科学活动的基本特征。科学活动主要是一种有关方法的学习活动。

在科学活动中，有的是方法问题，有的是探究问题，比如，磁铁属于方法问题。对于磁铁而言，能吸住的就是能

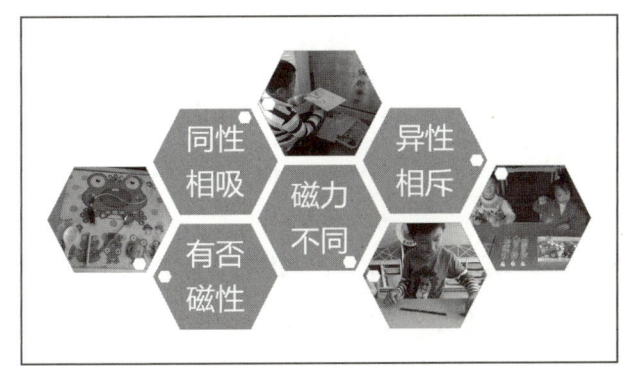

图7　关于磁铁

吸住;不能吸住的就不能吸住。如果问幼儿为什么能吸住,对小班幼儿来说,他们无法归纳出来。所以,小班幼儿只要能感知磁铁可以吸东西这个现象就可以了。为此,科学活动注重让幼儿在操作过程中去发现各种现象,或者让幼儿通过操作过程中某些条件的改变而获得目标所要求的探究结果。对于磁铁而言,同性相吸、异性相斥是一种现象,还有是否有磁性,磁性会不会相同,这些内容均可以被用于做游戏。

我们再来看"玩磁铁"的活动,活动一开始是让孩子们投飞镖。这对小班幼儿来说是有难度的。在这个环节,老师还可以有多种设计,例如:可以出示一个磁铁小舞台(桌面下面放磁铁,桌面上摆放着粘有磁铁的小玩偶);直接呈现磁铁,让孩子们手拿磁铁来吸一吸、玩一玩;在每张桌子上放8种材料(4种有磁性、4种没有磁性),再放几个笑脸标记,让孩子们试一试,利用笑脸标记表扬幼儿的发现。那么以上设计与投飞镖的设计相比,哪个更好?

我们会发现,这个活动的整体设计就是让幼儿去玩。当幼儿手拿飞镖的时候,就会想去某个地方试一试、吸一吸,因为每个人的想法不同,所以他们会去不同的地方尝试。在活动中,老师鼓励幼儿根据自己的兴趣去探索的意义和价值,要大于了解什么东西能吸住这个知识本身。在活动中,老师考虑到有些地方可能会有危险,设计了小标记,这对老师的要求是比较高的,活动中的"紧"与"散"是很考验老师能力的。另外,由于这个场景中可被磁铁吸住的东西不多,于是老师特意预设了一些物品,比如铁罐子、铁管或椅子等。

图8 大转盘

(三)案例:幸运大转盘

在我设计转盘活动之前,我先去网上搜索了一下,发现转盘可以定制,而且可被定制的项目也很多,如尺子(80厘米、90厘米等)、盘面,居然还能定制永远指不到大奖的转盘。于是,我很好奇,转盘要怎么样做才能永远指不到大奖呢?

我们都知道,影响转盘停下来的因素有转动的力气、转盘中每个区域的大小(这两点孩子是可以说出来的)、一个规则的圆(重心适宜)、受外力影响(比如在转盘转轴有磁铁)等。于是,我想到如果要改变转盘的重心,可以拿个铁夹子夹上去。而且,这个夹子可以帮你转到想要的数字。接下来,我们来思考一下：如果要让指针顺时针转到12，我应该将夹子夹在哪里；如果要让转盘逆时针转90度，我应该将夹子夹到数字几？之后再增加夹子的数量会怎么样？可见，科学活动就是方法的活动。于是我设计了这样的题卡，从左到右，难度逐渐增加，并用星级表示。

要学会解题，我们需要了解平衡与对称的概念。看图9想一想，第二个夹子应该夹在哪里？要是指针落在数字5、6的中间，第二个夹子应该夹哪里？如果夹子放9上面，我要让它指向12，第二个夹子应该夹在哪里？可见，在活动中增加夹子的数量，可以增加孩子们的探索时间并丰富他们的探索过程。在这个活动的最后，我将孩子们分为四组，让他们用夹子随便夹来共同完成一个任务。

图9　如何让大转盘平衡

三、实践与思考

尝试设计"传声筒"的游戏。传声筒一般可用封闭的管子来做，如果用纸来做，需要卷起来加以密封。老师可以尝试自己做一下传声筒，看自己能做多长的传声筒。在游戏的设计过程中，可能会发现声音会在传声筒中减弱，请思考应该如何调整？是否知道小喇叭的原理？传声筒能否利用小喇叭的原理放大声音呢？

任务体验

脑洞大开玩磁铁

1. 结合幼儿科学活动选题的三个思考点，尝试为小、中、大班幼儿设计与磁铁相关的科学活动。

2. 根据不同年龄段幼儿在科学探究活动中的典型表现，思考水对不同年龄段幼儿发展的价值与意义。

第 三 讲

幼儿园

科学教育活动的

设计与指导

·导 读

　　开展幼儿园科学教育活动(集体教学)应注意什么？此讲厘清了幼儿科学教育活动的总目标和主要内容,展示了小、中、大班幼儿通过多次操作或实验进行的有层次的科学探索,并提出在开展科学教育活动时应重视的五个关键经验:运用感官、使用工具、收集信息、爱护环境、了解自然。

玻璃纸变变变（小班）

陈 洁

活动目标

1. 乐意用各种方法使玻璃纸发生变化，并能学着表达自己的想法。

2. 愿意参加活动，并能在活动中感受玩纸的乐趣。

活动准备

经验准备：有玩骰子的游戏经验。

材料准备：各色玻璃纸（幼儿人手两张）、大小不同骰子两个、两段音效、一段音乐、黑板。

活动过程

一、玩游戏"超级变变变"，引起幼儿兴趣

重点提问：看看骰子上面有些什么？哪一个不是动物？（骰子表面为蝴蝶、小鱼、小兔、牛、鸡、笑脸宝宝，共六种图案）

图1 老师介绍骰子上的图案

游戏规则：扔骰子，骰子落地后看到哪一面朝上，就把自己变成这一面上的动物。如果看到笑脸宝宝就代表可以自由变化，把自己变成自己喜欢的动物。

图2　师幼一起变成小白兔

小结

我们在"超级变变变"的游戏里，通过做动作、学动物叫声就能让自己变成不同的小动物，而且每一次都变得不一样。

二、让玻璃纸发生变化

（一）幼儿第一次探索：运用各种方法使玻璃纸发生变化

1. 听音频，玩"超级变变变"的游戏

引导语："超级变变变"的游戏真好玩，听听谁来了，它在说什么？

教师播放音效1：小朋友，你好，我也想和你们做朋友，和你们一起玩变一变的游戏，打开笑脸宝宝家的门，就能找到我啦。

重点提问：你和玻璃纸朋友玩变一变的游戏，用了什么方法？把它变成了什么样？

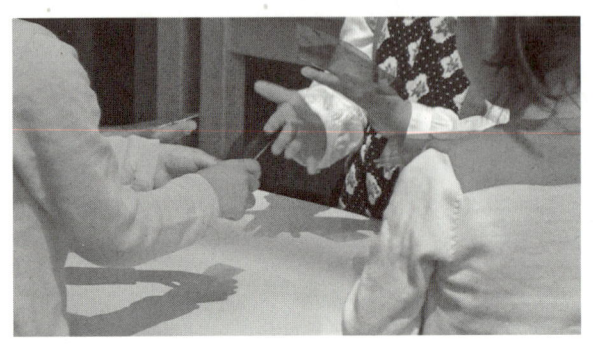
图3　幼儿探索玻璃纸的变化

2. 幼儿操作探索

请幼儿每人选一张玻璃纸进行操作。教师应重点观察以下两点：

（1）观察幼儿运用了哪些方法让玻璃纸发生了变化。

（2）幼儿是否能为改变后的纸张造型进行想象命名。

3. 交流分享

请幼儿将各自玩的玻璃纸一一张贴在黑板上。

请幼儿一起交流自己的成果与发现。

图4　幼儿将各自玩的玻璃纸张贴在黑板上　　　图5　幼儿分享变形玻璃纸的观点

重点提问：你用什么方法把玻璃纸变成了这样？还有谁用的方法和他不一样？

教师鼓励幼儿大胆说出自己的想法。当幼儿所用的方法比较单一（如折的方法）时，教师可适时提出新的方法（如卷、搓等），鼓励幼儿尝试操作。

小结

运用不同的方法，玻璃纸发生的变化也不一样，有的形状变了，有的大小变了，有的颜色变了。

（二）幼儿第二次探索：运用各种方法让玻璃纸声音发生变化

1. 听音频，继续玩"超级变变变"的游戏

引导语：我们来看看"超级变变变"的游戏还可以怎样玩？

教师播放音效2：谢谢你们和我玩变一变的游戏，把我变成了好多不同的模样，现在我还想和你们玩一个游戏，这个游戏的秘密也躲在笑脸宝宝的家里，快打开门找一找吧。

教师引导幼儿观察小骰子上的图案（有耳朵、音量大小的标志）。

图6　教师介绍小骰子

重点提问：耳朵可以用来干什么？这

个标志你认识吗？哪个表示声音响？哪个表示声音轻？你的玻璃纸会唱歌吗？

图7　幼儿用不同的方法让玻璃纸发出声音

2. 幼儿操作探索

为每名幼儿提供一张玻璃纸，尝试用不同的方法让玻璃纸发出声音。教师重点观察以下两点：

（1）幼儿是否有持续探索的行为。

（2）是否乐于分享自己的方法，并愿意在老师的引导下学习别人的方法。

3. 交流分享

重点提问：你用什么方法让纸发出声音？

用不同的方法（如摇、吹、拍、拉、按、搓等）能使纸的声音发生变化。

三、游戏"玻璃纸音乐会"

播放音乐，引导幼儿根据骰子上的音量轻响标志，伴着音乐让玻璃纸发出大小不同的声音。

1. "骰子"在活动过程中对幼儿的学习起了什么具体的作用？

2. 在"幼儿第一次探索"的环节中，为什么教师请幼儿每人都选一张玻璃纸进行操作？

活动反思

这个活动主要有两条目标：目标一是乐意用各种方法使玻璃纸发生变化，并能学着表达自己的想法。在整个活动中，一共进行了两次操作活动：第一次让玻璃纸变形，通过幼儿游戏，变出各自想变的纸张的造型；第二次是让玻璃纸变出不同的声音，这也是充分利用了纸张的特点。通过两次操作活动,使幼儿了解了"玻璃纸"这一特殊纸张的特征。目标二是愿意参加活动,并能在活动中感受玩纸的乐趣。小班幼儿还未能对外界事物及探究活动产生持久的兴趣,因此特别需要通过一系列的教育发展他们亲近自然、喜欢探究的情感。从活动现场来看,孩子们探索的热情很高,探索的方法也是多种多样的,可以说较好地达成了活动的目标。本次活动结束后,还可以和孩子们一起继续进行探索,还可以投放类似的材料让他们感知比较。

活动评析

这是个科学探索活动,整个活动的设计以探索在前、表达在后的思路进行,充分关注到孩子们在活动中的感知、操作与情绪情感的体验与表达。在具体活动中,教师提供了两段音频资料,为孩子们创设了一个游戏情境,符合小班幼儿的年龄特点,从而很好地激发了孩子们在活动中对玻璃纸变形、发出不同声音的探索兴趣,也让我们看到了孩子们在活动中的多元表现。另外,在活动中,教师也能关注到小班幼儿的特点,为他们创设宽松的氛围,并鼓励他们大胆表达自己的观点和想法。《指南》中指出教师要和幼儿一起发现并分享周围新奇、有趣的事物或现象,一起寻找问题的答案,这点在本次活动中得到了充分的体现。

(点评专家:高一敏)

扫一扫,获取现场
活动视频

喜羊羊的镜子屋（中班）

巫巧丽

活动目标

1. 积极参加探究活动，发现平面镜摆放的位置与成像多少之间的关系。
2. 体验想办法吓跑灰太狼的乐趣。

活动准备

经验准备

1. 幼儿熟悉《喜羊羊和灰太狼》的故事。
2. 幼儿对放大镜、哈哈镜、平面镜等镜子有所体验。

材料准备

1. 教师：《喜羊羊的镜子屋》故事 PPT、大平面镜人手两面、喜羊羊纸偶（大）人手一个。
2. 幼儿：平面镜人手两面、喜羊羊纸偶人手一个。

活动过程

一、猜测喜羊羊用的办法（激发幼儿探索镜子成像的兴趣）

活动导入：请幼儿摸一摸手中的镜子，说说镜子有什么特点？

教师播放 PPT，边讲边讨论《喜羊羊的镜子屋》的故事。

重点提问：

(1) 喜羊羊想了什么办法把自己变得那么大？（喜羊羊变大了）

(2) 灰太狼这次看到的喜羊羊又是怎么样的？（喜羊羊变得像怪物一样）

图1 喜羊羊变大了

图2 喜羊羊变得像怪物一样

小结

　　喜羊羊真是聪明,想到了用放大镜做窗户,把自己变大,吓跑了灰太狼。喜羊羊还想到用哈哈镜把自己变得怪模怪样的,吓跑了灰太狼。

二、帮助喜羊羊想办法(探索位置与成像之间的关系)

1. 幼儿第一次操作

　　教师为每位幼儿提供两面平面镜和一个喜羊羊指偶进行探索。

　　指导语:这一次,喜羊羊想用两面平面镜把自己变多来吓跑灰太狼,我们一起来帮喜羊羊摆一摆、放一放、看一看。

　　观察重点:幼儿用两面平面镜能把喜羊羊变成几个? 平面镜是怎么摆放的?

图3 幼儿探索1:并排摆放平面镜

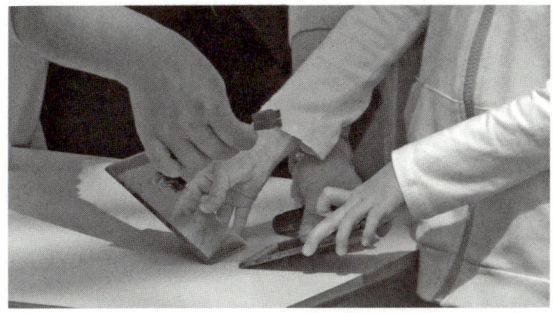
图4 幼儿探索2:成夹角摆放平面镜

　　交流要点:你们变出了多少个喜羊羊? 你的平面镜是怎么摆放的?

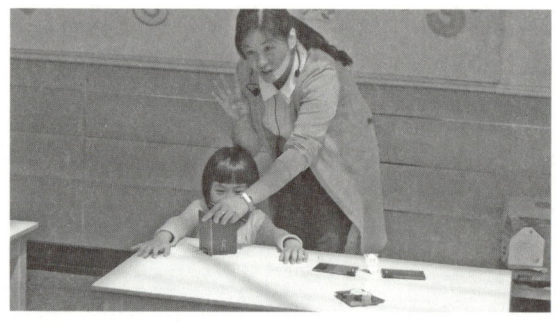

图5　交流幼儿的摆放方式1：成夹角摆放平面镜　　　图6　交流幼儿的摆放方式2：平行摆放平面镜

小结

你们想出好几种摆放平面镜的方法（并排放、夹角放等），放了平面镜之后喜羊羊变多了。喜羊羊有了你们的帮助放心多了。

2. 幼儿第二次操作

教师请幼儿再次尝试，怎样摆放平面镜可以让喜羊羊变得越来越多。

指导语：我们再来帮喜羊羊把它变得更多。你也可以去试试别人的方法。

观察重点：幼儿是如何用两面平面镜把喜羊羊变得更多的。

图7　幼儿探索　　　　　　　　　　　图8　幼儿现场示范自己的摆法

交流要点：这次你变出了多少个喜羊羊？你是怎样将喜羊羊越变越多的？

小结

今天我们发现两面平面镜面对面放得越靠拢，看到的喜羊羊就越多。因为镜子照镜子，照来照去就会越来越多。喜羊羊太高兴了，你们想出了这么好的办法。

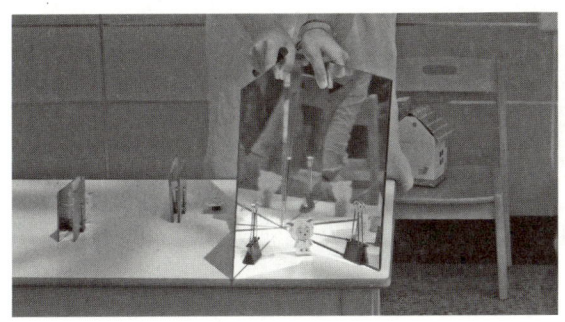
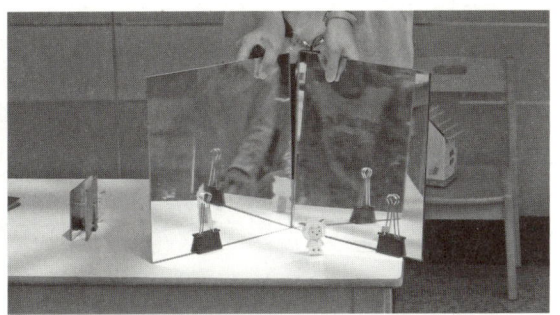

图 9　教师总结并示范摆放平面镜的方法 1　　　　图 10　教师总结并示范摆放平面镜的方法 2

三、分享喜羊羊的快乐(了解实像与虚像的关系)

教师拿出一块蛋糕,问幼儿如何将其变多。

重点提问:喜羊羊请大家吃香草蛋糕,但是只有一个蛋糕,放在镜子门里变一变,能变出许多蛋糕,这些蛋糕能吃吗?

小结

镜子照出来的蛋糕只是真蛋糕的成像,它不是真的蛋糕。

教师小结:今天你们用自己的聪明才智摆放镜子屋里面的镜子,帮助喜羊羊把自己变大、变怪、变多,吓走了灰太狼。

想一想

1. 幼儿在两次操作中,分别发现了什么,收获了什么?

2. 在本次活动中,幼儿通过实际操作平面镜的摆放,对平面镜获得了哪些新的认识?

活动反思

本次活动设计了两次操作。第一次操作主要是让孩子们知道镜子可以有不同的摆法;

第二次操作是希望孩子们通过镜子位置的不同摆法,把喜羊羊变"多"。在活动过程中,我发现孩子们探索出了各种放置镜子的方法,有的将镜子摆成夹角,有的则面对面放。在第二次操作时,我发现出现了两种情况:有的幼儿使用与第一次操作相同的方法,来让喜羊羊变"多";有的幼儿则使用新的方法来让喜羊羊变"多"。由此,我发现幼儿的这两种不同操作情况会对其经验获得产生影响。对于在两次操作中坚持使用同样方法的幼儿,可能会更好地感受出镜子夹角与成像的关系。

活动评析

  这是一个探索活动,目的主要是了解镜子摆放的位置与成像多少之间的关系,通过两次探索来达成活动目标。第一次操作活动是通过摆放平面镜来成像,幼儿大约使用了六种方式,有面对面、夹角等。可以看出孩子们的发现是多元的。然后,教师在组织操作之后的分享时,对此进行了交流,这里有一个建议,如果在分享时,教师可以先分类梳理孩子们摆放镜子的方法,再逐一介绍这些摆放方法会更好一些,能很好地为第二次操作做铺垫。如此一来,在幼儿的第二次操作活动时,可以重点让他们关注夹角成像与镜子摆放位置之间的关系是什么,效果会更好。活动最后,教师设计了让幼儿了解实像与虚像关系的内容,极大地激发了幼儿科学探究的兴趣和愿望,为后续的科学探索活动起了很好的作用。

(点评专家:高一敏)

扫一扫,获取现场
活动视频

垒高（大班）

宋爱萍

活动目标

1. 尝试探索垒高时让积木又稳又高的方法。
2. 用完整的语言交流自己的发现和经验。

活动准备

材料准备： 幼儿每人 17 块积木，每人一张小桌子，黑板、记录笔、记录纸。

经验准备： 在建构室内，幼儿对积木的垒高很感兴趣。

活动过程

一、激发兴趣，明确任务

1. 重点提问

说说上海比较有名的建筑物有哪些？

这些建筑有一个共同的特点是什么？

2. 教师小结

这些建筑物的主要特点是又稳又高。

二、幼儿初步尝试垒一座"又稳又高"的建筑物

1. 幼儿动手操作积木

操作提示：幼儿每人用 17 块积木垒一座建筑物，使建筑物又稳又高。

观察要点：关注幼儿垒高积木所使用的方法；鼓励提前完成的幼儿多尝试几种方法。

图1 幼儿用各种方法垒高积木

图2 幼儿向教师介绍自己的垒高方法

图3 教师给予充足时间,让每名幼儿进行垒高探索

2. 交流与记录

交流分享:你用了什么方法使建筑物垒得"又稳又高"?

交流提醒:鼓励幼儿清楚、完整地描述自己使用的垒高方法。

教师在幼儿分享时,及时记录幼儿的经验。

记录提醒:幼儿边分享,教师边记录;记录时使用幼儿能理解的符号。

图4 教师记录幼儿分享的经验(打好地基)

图5 幼儿分享经验1:垒高的时候虽然在摇,但是没有倒(要注意平衡)

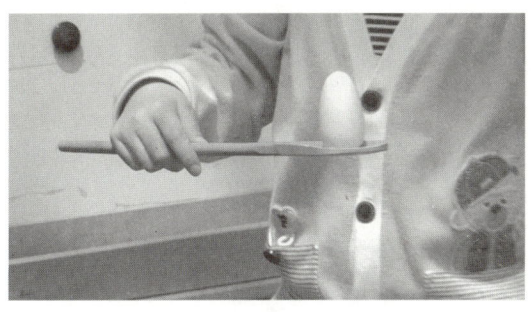

图 6　为便于幼儿理解平衡点,老师提供一把木勺　图 7　幼儿分享经验 2:垒高的时候要仔细一点(教
　　　与小球请幼儿感受　　　　　　　　　　　　　　　师画爱心表示)

3. 小结幼儿分享的经验

情感态度:一心一意、坚持到底、互相学习等。

知识技能:打地基、平衡、对称、对齐等。

三、幼儿再次尝试将建筑物垒得"又稳又高"

1. 幼儿再次操作积木

操作提示:请幼儿学习好朋友们的方法,再次尝试将建筑物垒得"又稳又高"。

观察要点:观察幼儿有没有关注到垒高的好方法,并及时进行个别交流与指导。

图 8　幼儿使用不同的垒高方法

2. 交流分享

分享要点:你学习了谁的好方法,你又有什么新的发现? 哪一幢最高,你怎么知道的?

图9　垒出最高建筑的幼儿分享经验

3. 小结

教师梳理幼儿的新发现,并鼓励幼儿学习同伴的方法,强调这样会对自己很有帮助。

活动延伸

1. 可继续探索更多垒高的好方法,并对垒高成果进行测量与记录。

2. 尝试合作垒高,两人合作,共用25块至30块积木。

想一想

1. 在幼儿交流经验时,为什么还要做记录,做记录的契机与意义是什么?

2. 如果你来组织本次活动,你会对哪个环节作出调整,为什么?

活动反思

这是一个经典的科学探索活动,在活动中我们注重孩子们的探索过程。本次活动目标主要有:尝试探索垒高时让积木又稳又高的方法;用完整的语言交流自己的发现和经验。为此,在第一环节时,我特意引导孩子们大胆、完整地说出自己的想法。当幼儿分享自己的经验时,我又鼓励幼儿尤其是女孩子大声、大胆地说出自己垒高的方法。本次活动中还有比较好的一点,就是孩子们能看到同伴的优点,愿意互相学习同伴的好办法,这是很难得的。

活动评析

　　这是一个探索性的科学活动,通过幼儿的两次探索过程来实现。两次探索活动都是解决又稳又高的问题,但测量重点有所不同,第一次是在让幼儿尽量垒高的前提下,解决稳的问题,使幼儿了解到要使建筑物高,就必须要稳;第二次是用好方法解决又稳又高的问题。在具体操作中,要解决稳的问题,既需要有一定的方法,如要对齐、考虑重心,又需要有情感的支持,如要用心、能坚持等。就选择的积木数量来说,大班幼儿可以从 15 块积木开始,我们还可以尝试为其提供 17、19、21 块等。这些教师都作了很多尝试。需要特别提出的是,在科学活动中,教师除了科学的方法、技能、情感支持外,还应当关注幼儿的学习品质,如合作、坚持性等。

(点评专家:高一敏)

扫一扫,获取现场
活动视频

幼儿园科学教育活动的设计与指导
高一敏

首先,我们需要明确几个概念:科学、幼儿的科学、幼儿园科学教育活动。

第一,什么是科学。科学是运用范畴、定理、定律等思维形式反映现实世界各种现象的本质和规律的知识体系。

第二,什么是幼儿的科学。幼儿的科学是指那些幼儿经常接触到的周围世界中的各种事物或现象。例如,自然界的事物和人们制造的各种物品,其中都包含了许多科学的因素,都属于幼儿科学的范围。

第三,什么是幼儿园科学教育活动。幼儿园科学教育活动就是教师充分利用周围环境,或为幼儿创设条件,提供物质材料,或选择适合幼儿的课题以不同的方法、不同的程度指导幼儿参与各种科学探索活动(包括正规的、非正规的、偶发性的科学活动),帮助幼儿主动获取科学经验、建构概念,学习科学的方法,发展智力,并养成科学严谨的态度的过程。其实质是进行科学素质的早期培养。

一、幼儿园科学教育活动的总体目标

《幼儿园教育指导纲要(试行)》有关幼儿园科学教育活动的总目标为:

(1)对周围的事物、现象感兴趣,有好奇心和求知欲;

(2)能运用各种感官,动手动脑,探究问题;

(3)能用适当的方式表达、交流探究的过程和结果;

(4)能从生活和游戏中感受事物的数量关系并体验到数学的重要和有趣;

(5)爱护动植物,关心周围环境,亲近大自然,珍惜自然资源,有初步的环保意识。

《指南》中关于"科学探究"科学领域的主要目标为:亲近自然,喜欢探究;具有初步的探究能力;在探究中认识周围事物和现象。

二、幼儿园科学教育的主要内容

幼儿园科学教育活动的主要内容包括三个方面：自然资源、自然现象和科技产品。

1. 自然资源（特别是动植物）

认识某些动植物，特别是与幼儿生活相近的，或者是能引起幼儿兴趣的动植物的名称、外形特征和主要结构；了解这些动植物的生活与环境的联系以及它们对人类的作用；体会保护包括动植物在内的自然资源的重要性，等等。

2. 日常生活中常见的自然现象

感知和了解某些自然现象，特别是与幼儿生活相近的，或者是能引起幼儿兴趣的自然现象，如：日、月、星辰、雷、风、雨、云、雪、光、声、影子、影像、土、石、山川、河流、建筑、冷热、四季特征和变化等，以及这些自然现象与人们生活的关系；表现和表达自己对这些自然现象的认识等。

3. 日常生活中接触到的科技产品

接触和运用日常生活中经常使用的科技产品，如电话、手机、传真机、电视机、收录机等，认识和体验它们与人们生活之间的联系等。

三、幼儿园科学教育活动的实施

幼儿园科学教育活动根据由谁发起可以分为两种类型：由教师发起的科学教育活动，由幼儿发起的科学教育活动。在实施幼儿园科学活动时需要注意以下内容。

1. 科学教育活动设计面临的问题

目前设计集体科学教育活动的主要问题表现在五个方面：第一，教学内容的选择不适宜——对幼儿已有经验的关注。第二，教学目标的定位不确切——目标定位的适切度与表述。第三，教学环节的确立欠挑战——学习方式的确立。第四，提问的清晰准确度难把握——问题价值。第五，班级的文化氛围欠火候。

2. 我园实施科学教育活动的经验

我园实施科学教育活动的要注意的内容可总结为：第一，两个原则，即开放性原则和整合性原则。其中开放性是核心，强调科学活动过程的开放。第二，三个方法，即感知操作探索法、情趣诱导法、设疑表述法。教师可根据幼儿不同的年龄来选择相应的方法。第三，四个策略，即观察型、探索型、交流型和表现型。第四，五个关键经验，即感官运用、工具使用、搜集信息、爱护环境、了解自然。其中，五个关键经验是我园设计科学活动的重要参考依据，具体内容包括以下五个方面：

（1）关键经验一：运用感官。

运用感官是指充分调动幼儿的感觉器官（眼、耳、口、鼻、手、脚等），通过接触、摆弄、试听等活动让幼儿了解物体的各种特征和物体之间的区别，产生亲身的体验，获得对事物的感性认识。具体来说，就是要让幼儿：愿意参加摆弄、触摸、试听等感官活动；尝试用某一种感官感知周围生活中的事物；动用多种感官从多方面感知生活中的事物与现象；正确运用感官，主动感知周围生活的事物与现象。

（2）关键经验二：工具使用。

工具使用是指在操作活动中，让幼儿认识常用工具，能探索工具的使用方法，并尝试借助工具进行探究。具体来说就是要让幼儿：愿意借助工具玩耍；尝试用工具进行操作，并在操作中发现问题；主动利用工具来解决问题；初步了解生活中的常用工具并知道使用方法。

（3）关键经验三：搜集信息。

搜集信息是指让幼儿学会从语言、标志、报刊书籍、电视网络等途径获取信息，喜欢参与收集信息的活动，学习用各种方式记录信息，并乐意与人交流和分享信息。具体来说就是要让幼儿：对生活中的信息媒介有所反应，并能产生兴趣；对鲜明的信息敏感，并乐意接受此类信息；了解信息获取的多种途径，愿意参与信息收集的各种活动；学会多途径采集信息，尝试用自己的方式记录信息，并互相交流与分享。

（4）关键经验四：爱护环境。

爱护环境是指幼儿愿意感知自己生活的环境，通过参观、采集信息、做观察记录等方式亲身体验环境的各种变化，并用自己的方式表达对生活环境的关心。具体来说就是要让幼儿：愿意感受自己生活环境的变化；喜欢自己生活的环境，能够参与保持环境整洁的活动；运用各种方法体验周围环境的不同变化，愿意就生活中的环境问题提出自己的想法；能运用各种方式与周围环境接触，并主动参与各类环保活动。

（5）关键经验五：了解自然。

了解自然是指幼儿对生活中的自然现象感兴趣，能运用感官、工具、信息等各种方法丰富生活经验。具体来说就是要让幼儿：对自然现象产生好奇；愿意参与各种自然现象的探索活动；在探索活动中能发现问题，增进对自然的了解；初步获取生活中常见的科学知识和经验。

四、幼儿园科学教育活动的具体实践

当前,幼儿园科学活动主要有以下四种形式:正规性活动、非正规性活动、走出去请进来活动、专项科技活动。其中,正规性活动是指集体教学活动,该活动的设计应围绕目标的定位。例如,中班活动"喜羊羊的镜子屋",其活动目标为:积极参加探究活动,发现平面镜摆放的位置与成像多少之间的关系;体验想办法吓跑灰太狼的乐趣。在活动中,老师通过两次探索来让幼儿达成目标。第一次探索是让幼儿了解摆放位置与成像是有关系的,鼓励幼儿进行多次尝试;第二次探索是让幼儿重点探索夹角的变化与成像的关系。再如,大班活动"垒高"的目标是:尝试探索垒高时让积木又稳又高的方法;用完整的语言交流自己的发现和经验。由此可见,目标中包含了知识经验、情感态度与技能方法三个方面的内容。为了达到以上目标,教师可用设疑表述法来激发孩子们的思考与探索。

总之,幼儿园要开展科学教育活动,需注意两个方面:活动设计和现场互动。第一,活动前适切的设计,具体包括幼儿经验的适切——承前启后,活动目标的适切——重价值、重过程、可达成、可操作,活动材料的适切——有挑战、有层次、有空间。第二,现场有效的互动,具体包括师幼互动(巧提问、巧回应)、幼幼互动(多引发、多支持)、材料互动(善挖掘、多发挥)。

任务体验

影子大探索

1. 在活动设计中如何把握活动目标的适切——重价值、重过程、可达成、可操作?

2. 在幼儿对影子的探索学习中,提供什么样的材料,才能使幼儿的学习有挑战、有层次、有空间?

幼儿园区角
科学游戏的
设计

·导 读

　　如何进行幼儿园区角科学游戏的设计？此讲明确了幼儿科学游戏对幼儿成长的意义,展示了幼儿在区角游戏中的操作与探究,并提出幼儿园科学区角游戏设计的三个关注点:一是目标的定位,应是整合与适度挑战并举,二是游戏内容的选择要具有多元性,三是游戏的情景设置应具情感性。

科学区角活动

图1　摸起来不一样（小班）

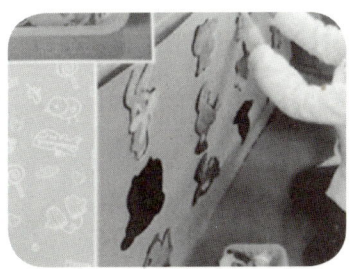

图2　找影子（小班）

图3　给运动喂食（小班）

图4　香味记忆（小班）

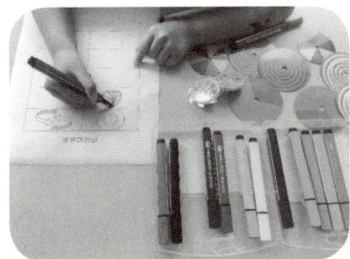

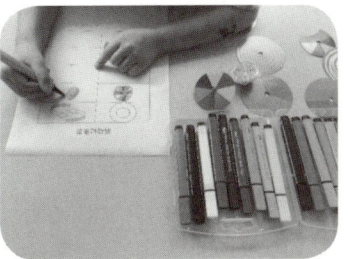

图5　陀螺转了（中班）

 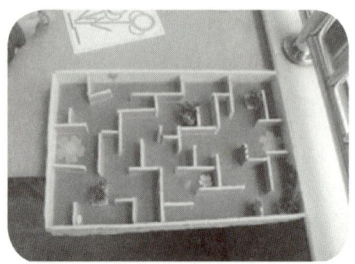

图 6　迷宫（中班）

图 7　齿轮(中班)　　　图 8　沙中寻宝(中班)

 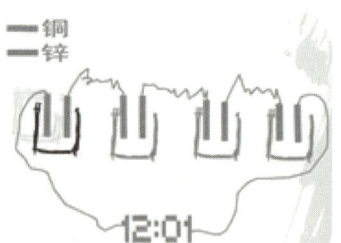 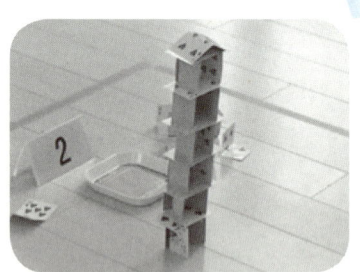

图 9　土豆时钟(大班)　　　图 10　垒高(大班)

 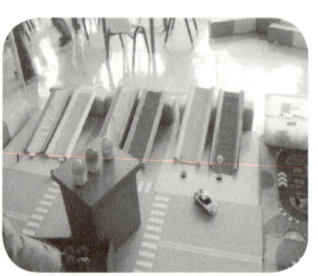

图 11　滑轮(大班)　　　图 12　斜坡与球(大班)

幼儿园区角科学游戏的设计

李建君

个别化活动与集体教学各有特点、相辅相成。集体教学对当下具体教育目标的达成比较有效，但也有其不足，如它是具有统一性、高结构性的活动，幼儿更多处于接受性的学习状态。个别化活动具有多元、低结构的特点，幼儿在其中更多的是体验发现式的学习。幼儿学习的方式从接受式学习到体验发现式的学习，是从集体教学到个别化活动最大的变化。此外，二者具有不同的特点：集体教学的特点是交流互动、分享经验与情感（语言、音乐或偏重情感内容）；个别化活动的特点是探究试错、建构经验（探究操作类的内容）。那么，如何进行区角的科学活动？我们首先要考虑幼儿的需要与学习特点。

一、幼儿科学学习的特点

幼儿科学学习的特点可以体现在以下四个方面：

第一，幼儿是天生的科学家。幼儿有天然的好奇心，对环境与材料感兴趣，我们应支持他们去尝试和探究。

第二，幼儿是通过感官直接体验认知世界的。幼儿的思维特点是直观形象，他们通过具体的事物、画面等去认识世界。这意味着幼儿是通过听觉、味觉和知觉等去体验世界的。为此，我们要为幼儿提供丰富的材料，让幼儿用感官去体验世界。

第三，幼儿探究的方法具有重复性和试误性。幼儿期是一段人生之初的经历，他们的学习具有重复性和试误性。幼儿去学习事物的认知需要一个长期的过程，是一个由量变到质变的过程。当理解了幼儿的学习具有重复性和试误性后，我们就应当跟随幼儿的节奏，不要揠苗助长。为此，我们鼓励幼儿不断地去操作和试误，让他们经历完整的学习过程。

第四，情感与需要是幼儿探究的动力。幼儿是因为开心、愉悦去探究的。只有在愉悦的探究过程中，幼儿才能真正地学有成效。

二、幼儿科学游戏对幼儿成长的意义

（一）激励幼儿在游戏过程中能主动参与，萌发兴趣

幼儿科学游戏能激励幼儿在活动过程中主动选择、观察、发现、探索，萌发活动的兴趣和主动参与的积极性，并对周围的世界好奇敏感。

（二）引导幼儿经历自己的学习过程，从而获得直接经验

幼儿的年龄特点决定了他们的科学学习不是获得严格的科学概念，而是在与周围事物的直接作用中感知理解、内化经验。教师要让幼儿更多地感受和理解生活中的科学现象，以使其获得经验，从而促进他们的发展。

（三）支持幼儿寻找解决问题的方法并体验科学精神

幼儿科学游戏让幼儿有更多面对问题和寻找解决方法的机会，教师应引导幼儿在科学活动中关注问题、解决问题，提升他们参与游戏的成就感。

三、幼儿园科学游戏的设计

（一）目标定位——整合与适度挑战

幼儿科学活动的意义并不仅仅在于让幼儿获得对事物现象的结论，而更应该关注幼儿的好奇心、主动参与活动的积极性、发现问题和解决问题的方法和能力。教师要引导幼儿在问题情景中，经历自己的学习过程并达到经验的建构，从而提升科学活动的价值。

（二）区角科学游戏的内容选择——多元性

日常生活中蕴涵着许多科学的基本现象，感知生活中粗浅的科学现象，是幼儿科学学习的主要内容。要从自然现象和日常生活中"广而浅"地选择幼儿身边的科学要素，让幼儿感知生活中的科学，学会智慧生活，提升生活的品质。

在设计科学活动时，可以从两个角度出发：一是发现生活中的科学现象，二是理解生活中的数与形。下面以一些科学游戏为例做简要介绍。

1. 蜡烛花

蜡烛可以用来做什么呢？可以画画、可以点燃和熄灭。其中蕴含哪些科学现象呢？这些科学现象包括燃烧（与空气的关系）、融化、凝固等。

图1　蜡烛花

2. 水瓶画画

瓶盖上开个小孔，用水瓶在操场上画画。幼儿在画画的过程中，前面的画会干掉，这是水的蒸发现象。比如小水滴旅行记的活动里也有谈到。幼儿学科学，并非需要一个完整、系统的过程，只要让幼儿感知到现象，乐于去探究就好。

图2　水瓶画画

图3　配色

3. 配色

孩子们可自己调色，自制香水。这里面蕴含着的物理现象有：融化、溶解（两种颜色混在一起变成第三种颜色）等，适合幼儿长期玩。

4. 镜子折射

镜子的折射能让很多面交集在一起，这样会形成多种角度，因而出现的镜像数量就不同。

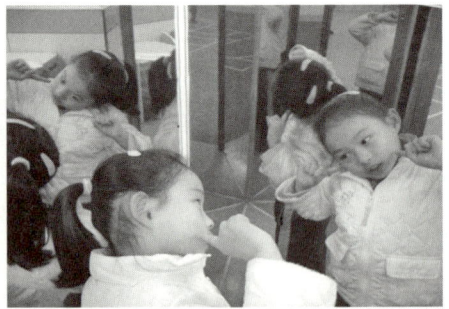

图 4　镜子折射

5. 打气球

空气在气球中会出现的特质有：空气越多，气球就越大；空气虽然看不见摸不着，但通过气球的大小可以感知到；空气很轻，因为气球可以飘起来；大大的气球第二天变小了，其特质是空气的移动。

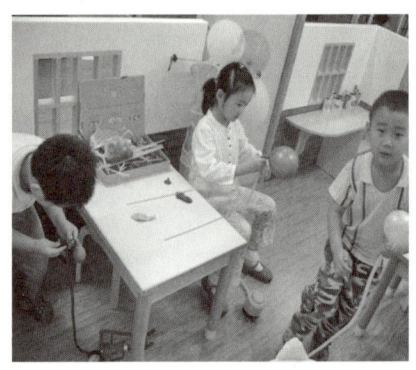

图 5　打气球

6. 气体的力量

气体是看不见的，但它能让气球变大。幼儿往瓶子里打气时能发现瓶中的东西在动，从中看出气体的移动；还会发现瓶中不同的物体会有不同的变化，说明瓶中物体的材质不同。

图 6　气体的力量

7. 光影沙画

光影沙画能体现出光的物理现象。

图7 光影沙画

8. 转动的小花

在塑料地板上先滴上一些水珠,将乒乓球小花放在塑料地板上,这时乒乓球小花会像跳舞一样。幼儿从中可以感知水的流动性和力的均衡。

图8 转动的小花

9. 系围巾

幼儿可以从游戏中感知生活和情感,同时也希望渗透科学方面的内容,比如提供的材料的颜色、材质(光滑与粗糙、厚与薄、软与硬、透明与不透明)以及系围巾的方向问题。

图9 系围巾

10. 摸一摸

感官的科学游戏能让幼儿在摸的过程中,通过手的感知觉去推测自己摸的是什么物体。

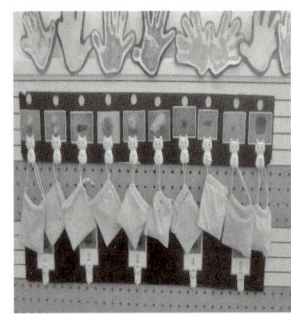

图 10　摸一摸

11. 听一听

让幼儿去听一听,为幼儿提供更多能体验感知觉的活动,诱发其感官的应用。

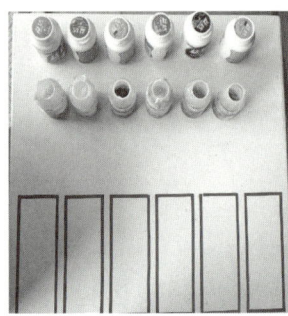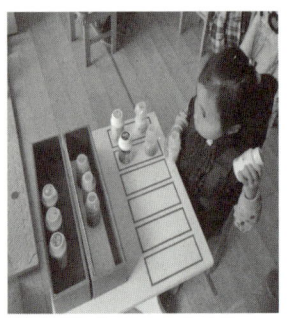

图 11　听一听

12. 闻一闻

让幼儿去闻一闻不同味道的物品。希望幼儿能闻出不同的味道,教师应尽量选幼儿有生活经验的味道。

图 12　闻一闻

13. 捆扎

生活中有很多东西可以让幼儿去捆扎。幼儿可以根据物品的形状和材质来判断捆扎的难度,如方的和圆的更容易捆扎,为什么方的更容易扎起来? 因为方的是有棱角的,而圆的有弧度,所以方的更容易扎。长的和短的哪个更容易扎紧? 一般来说,长的更容易扎,因为它受力面大。图片中的幼儿在用橡皮筋捆扎易拉罐,并尝试把两个连接套在一起。

图 13　捆扎

14. 装配货架

幼儿在安装货架的过程中可以感知物体的支撑点。幼儿的动手能力和结构感知能力可得以提高。

　　　图 14　装配货架　　　　　　图 15　开启糖罐

15. 开启糖罐

很多糖果盒的盖子与盒身的构造不同,可利用其让幼儿了解物体的结构和构造,从而帮助形成幼儿结构思维。

16. 剥干果

这是来自于生活的科学活动。我们让幼儿学会使用工具打开干果。在设计区角活动时，我们在提供假情景和工具的同时，一定要创设一个真正使用工具的环境。

图 16　剥干果

图 17　拧螺丝

17. 拧螺丝

拧螺丝对幼儿精细动作的发展很重要，可以增强幼儿脑的灵敏度。拧螺丝精细动作的特殊之处在于旋转性。幼儿通过成功的体验能直观感知结果，他们在安装人的关节的时候，才有了真正的体验。

18. 装配笔

我们一般会把不同的笔放在一起，让幼儿去安装。幼儿在游戏中能感受到的经验有：感知零件之间的匹配关系，如颜色、大小、长短的匹配。匹配有助于幼儿了解事物之间的因果关系。幼儿在安装的过程中，还能了解物体的构造，并锻炼小肌肉。从科学的角度来谈，幼儿能了解弹簧的作用——可以让笔变长或变短。

图 18　装配笔

19. 接水管

设置一定的情景(如自来水厂),让幼儿在自来水厂接水管,以此提升幼儿游戏的动机和参与性。

图 19　接水管

20. 拆录音机

在拆录音机的过程中,幼儿首先要观察零件的构造,学会在真实情景中运用实用工具,这对男孩阳刚之气的发展有益。

图 20　拆录音机

21. 盒子宝宝回家

这个图形对应游戏有个特别的设计,即有立体的图形,这是打破幼儿思维惯式的好方

图 21　盒子宝宝回家

法。当幼儿在翻转物品的时候,会发现各个面都会有不同的图形,因此通过游戏,他们不仅能认识图形,而且其观察能力也能得到很大的提高。

22. 小小送奶工

这是学习方位的游戏。我们刚开始是直接给幼儿方位提示的,如送到201,慢慢改为间接提示,如送到201的楼上等。

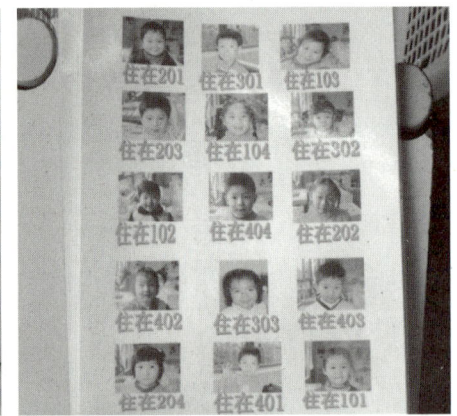

图 22 小小送奶工

图 23 盒子拼图

23. 盒子拼图

这是让幼儿感知空间和大小的游戏。用彩色粘纸粘一个不规则的几何图形,再用大大小小不同的盒子将其填满。幼儿喜欢这个游戏的理由是:有变化,每次使用的材料的大小、多少都不同;可以合作一起玩;具有适度的挑战,能实现幼儿的自我建构;能引发幼儿的兴趣,还能发展幼儿的大肢体的动作。教师喜欢的理由是:方便、简单、可变化,对幼儿发展有益。这个游戏可以不断地变化,可以将几何图形加以变化,也可以将盒子的大小进行变化,游戏因为有了不确定性,所以具有开放性。要玩好这个游戏,需要设计图形之间的匹配关系,这就需要幼儿不断地尝试与实践。

24. 电影院

该游戏能帮助幼儿认识序数,并有助于培养幼儿的空间方位。

图24　电影院　　　　　　　　　　　图25　抽一抽

25. 抽一抽

幼儿将牙膏盒立体垒高,然后将其中的牙膏盒抽出来又不让它倒掉。游戏涉及平衡、力度的控制,幼儿需找准位置,还可以与同伴玩竞赛游戏。

26. 量一量

请幼儿去量一量生活中的东西,并做好记录。

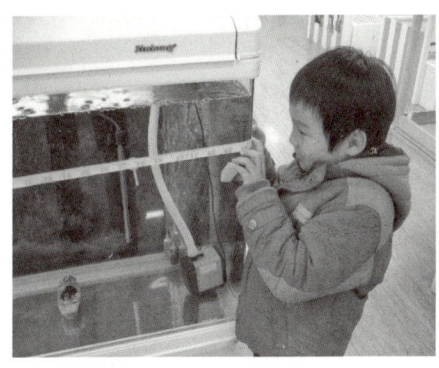 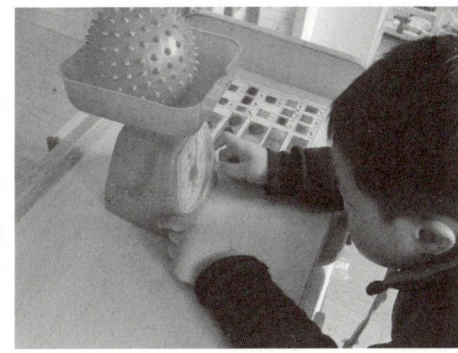

图26　量一量　　　　　　　　　　　图27　称一称

27. 称一称

幼儿使用秤,可以得到物体的重量。教师可以逆向性地提供材料,帮助幼儿理解平衡的概念。

(三) 区角科学游戏的情境设置——情感性

教师除了引导幼儿关注一些日常的自然现象以外,还应该尽可能地为科学游戏设置生动、有趣的情景,给以物化的事物赋予鲜活的情感元素,以最大限度激发幼儿对科学游戏的兴趣,提升幼儿游戏的原动力,使幼儿的科学学习更有情趣、更有意义。下面通过几个案例来具体展开。

1. 开箱寻宝

这个游戏不仅是让幼儿打开箱子,还设置了寻宝的情境。幼儿不是为了开锁,而是为了寻宝。

图 28　开箱寻宝

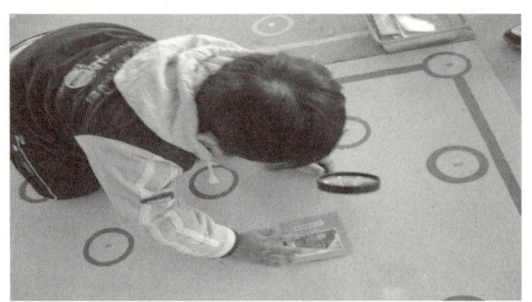
图 29　放大镜

2. 放大镜

教师给幼儿一个真实的情境,让他们真正使用放大镜去匹配大小图片。

图 30　神秘时尚屋

3. 神秘时尚屋

把不同的手电筒拆开后,让幼儿去安装。教师设计了为了解神秘屋而去安装手电筒的游戏情境。

4. 打电话

让幼儿感知八个数字的变化。幼儿算好数字后,可以给老师打通电话。

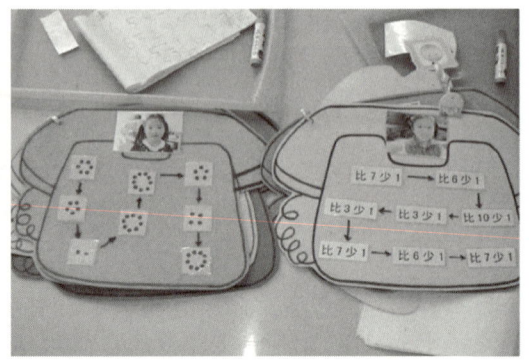
图 31　打电话

四、个别化科学活动中的观察与解读

（一）观察的意义

在开放性的个别化活动的探索活动过程中，幼儿更多地表现出个体的行为和思维特征，这为教师提供真实丰富的观察信息。

（二）读懂游戏中的幼儿

1. 案例：纬纬拼数字卡片

教师提供了 7 个不同颜色的数字，并将其分割成不同形状的图形让幼儿去拼。教师可从幼儿的坚持度、关注度，分析出他们对游戏的喜爱程度。女孩子先是拼成了红色的 3，再选同一颜色的卡片，她认为红色的 3 最难拼。从中体现出几组关系：一是行为和思维——3—6 岁幼儿的思维是从其行为中表现出来的，为此要关注幼儿的行为；二是过程和结果——在同样结果的情况下，过程各有不同；三是第一次和建构——当幼儿没有任何经验和概念的情况下，她觉得是最难的，后来拼的数字是经验的迁移。

图 32　纬纬拼数字卡片　　　　　　图 33　成成垒高

2. 案例：成成垒高

这个游戏体现了幼儿的手眼协调能力与垒高材料的高度、数量的关系。材料从墙面到地面的移动，幼儿会想什么，意义在哪里？这都需要老师在平时的活动中，对幼儿在活动中的行为仔细观察，并适时与幼儿进行交流与互动。

再看科学游戏

1. 分析自己班级中的科学区角游戏活动,是否符合内容选择多元性、情境设置情感性的要求?

2. 观察区角中的科学活动,反思游戏材料的适切性。

幼儿园科学活动

环境与材料的

创设与利用

· 导 读

怎样为幼儿创设良好的科学学习环境？此讲聚焦幼儿科学学习的环境创设与营造，再次重申科学学习对幼儿学习的价值，展示了幼儿如何在教师营造的科学环境中进行学习与探索，并提出环境与材料是支持幼儿科学学习的重要因素。

调皮的海绵宝宝（小班）

李　敏

活动目标

1. 运用感官感知和了解海绵柔软、富有弹性、能吸水的特性。
2. 对海绵的特性感到好奇，愿意大胆猜想并操作感知。

活动准备

海绵、小杯子（两种大小）、小花数盆。

活动过程

一、激发兴趣，感知海绵的柔软

1. 出示海绵宝宝的图片，引发兴趣

重点提问：有个朋友来到我们班，看看它是谁呀？

图 1　教师介绍海绵宝宝

2. 引导幼儿摸摸海绵宝宝,感知海绵柔软的特性

(1) 幼儿和海绵宝宝握握手。

(2) 幼儿感知海绵的柔软性。

图2　幼儿与海绵宝宝握握手

重点提问：海绵宝宝摸上去是什么感觉呀?

海绵宝宝摸上去是软软的。

二、捉迷藏,感知海绵的弹性

1. 引导幼儿猜测海绵藏入杯子里的可能性

重点提问：海绵宝宝想藏进杯子里吗? 为什么?

2. 幼儿第一次操作：把海绵藏入杯子里

教师为每个幼儿提供了黄色杯子和一块海绵。

重点提问：你的海绵宝宝藏进黄杯子里了吗? 你是用什么方法让它藏进去的?

图3　幼儿尝试将海绵藏进黄色杯子里

3. 引发幼儿猜想海绵从杯子里出来的状态

重点提问：海绵宝宝想从黄色杯子里出来，它还会变回原来的样子吗？

4. 幼儿第二次操作：把海绵藏入更小的杯子里

教师出示更小的蓝色杯子，先请幼儿观察蓝色、黄色杯子的不同。

图4　教师鼓励幼儿大胆猜测海绵是否能藏进蓝色的杯子中

重点提问：海绵宝宝能藏进更小的蓝色杯子里吗？为什么？

图5　幼儿猜测：蓝色杯子太小了，海绵宝宝藏不进去

图6　幼儿尝试将海绵塞进蓝色的杯子里

图7　幼儿把海绵从杯子里拉出来，它又变回以前的样子了

小结

原来海绵宝宝不只是软软的,而且能变小,能变大,是有弹性的呢!

三、做游戏,感知海绵的吸水性

1. 教师演示

通过倒水游戏引发幼儿对海绵吸水性的思考。

 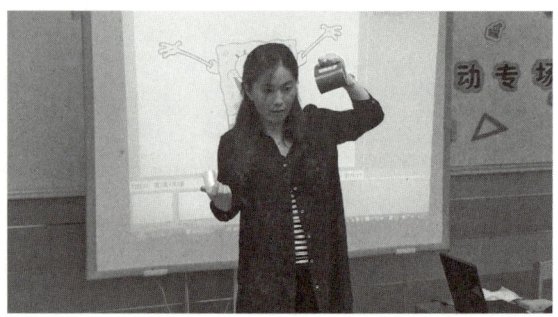

图8　教师将水倒进一个装有海绵的红色水杯　　图9　教师将红色水杯倒过来,请幼儿猜猜水到哪里去了

2. 幼儿第三次操作:尝试发现杯子里水的变化和海绵的关系

教师为每个幼儿提供了装有水的水杯和一块海绵。

图10　幼儿尝试用海绵吸水

重点提问:杯子里的水还在吗? 去哪了?

小结

海绵宝宝不仅摸上去软软的,很有弹性,还有吸水的本领呢!

四、给小花小草浇水，综合感知海绵的特性

教师引导幼儿运用海绵的特性给小花小草浇水。

图 11　幼儿用吸了水的海绵为小花小草浇水

1. 教师为什么要使用海绵宝宝的图片导入活动,这对小班幼儿的学习有何帮助?
2. 在幼儿操作的过程中,教师在材料上给予了哪些有效的支持与帮助?

活动反思

小班科学活动从哪里入手？怎样让幼儿在有兴趣的基础上,还能有探究的愿望? 这个活动就是从孩子们比较喜欢和熟悉的"海绵宝宝"入手来激发他们的兴趣的。活动体现了《指南》中科学教育方面的要求,让孩子们用各种感官去感知海绵的特性。在这次活动中,最主要的目标就是让幼儿去感知海绵的三种特性,即海绵的柔软性、弹性与吸水性。活动设计了四个环节：第一个环节是让幼儿感知海绵的柔软性;第二个环节是加强幼儿对弹性的理解,我们运用捉迷藏的游戏,先让幼儿猜测可能性,再让幼儿通过亲手操作来发现海绵的弹性——可以变大也可以变小,以及由大变小和由小变大的过程;第三个环节是通过小小的魔术实验来让幼儿猜测海绵的吸水现象,然后再让他们带着疑问去亲自探究海绵的吸水性;第四个环节是让幼儿的学习回归他们的生活,这是对前面三个环节也是对海绵三个特性的综合运用。

活动评析

　　这个活动的目标很清晰,围绕这个目标,结合小班幼儿科学学习的特点,让幼儿通过感官认知表面现象。执教老师提供了海绵、小杯子、小花等材料,让幼儿感知海绵的特点。而且还提供了大小不同的两种杯子,以支持、帮助幼儿感知。这个活动中,为了让幼儿能充分体验海绵柔软和吸水的特点,执教老师让幼儿在实践中感知。比如,让幼儿通过与海绵握握手来亲手感知海绵柔软的特点。还有,当执教老师问幼儿海绵能否藏进杯子里的时候,幼儿的回答是不可以,这是典型的小班幼儿的回答,他们的思维是感性的、具体的、形象的——大的怎么能藏进小的呢? 其实,这个提问让幼儿发生了思维的冲突。那么,海绵塞进去会变成什么样子? 它出来后还会变成原来的样子吗? 执教老师通过这些问题不断激发幼儿去探究。执教老师在整个过程中,用充满童趣的幼儿能理解的话语引导他们去感受海绵的特性。其中,有一点需要提升的是要考虑集体教学活动的有效性,比如,可以让幼儿反复感知、巩固对海绵特性的认识。

（点评专家：蒋静）

扫一扫,获取现场
活动视频

神奇的云(中班)

许 颖

活动目标

1. 观察并了解云的基本特征,以及云和天气之间的关系。

2. 激发幼儿对不同的云进行探索的兴趣。

活动准备

1. 自制云、手电筒、笑脸与哭脸标记。

2. 小视频:云的形成。

3. PPT 课件:云、不同天气的符号。

活动过程

一、说说云

(环节意图:引出话题,激发兴趣)

导入语:今天,我们一起谈论一样东西,这样东西藏在一个谜语里。

谜面:大大一朵棉花糖,高高挂在蓝天上,天天飘来又飘去,小小雨滴藏里面。

图 1 幼儿猜测谜底是乌云

小结

谜底是云。我们可以从它的形状、在天空中的位置猜测出来它是云。

重点提问:你观察过天上的云吗?你喜欢它吗?

教师先鼓励幼儿大胆说出自己的想法,再播放云的PPT给幼儿欣赏。

小结

天上的云,姿态万千,把天空装扮得很漂亮。

图2　教师为幼儿播放云的PPT

二、神奇的云

(环节意图:了解云的基本特征)

1. 重点提问

为什么云有不同的颜色,有时是白色有时是灰色或黑色?

(1)介绍实验要求:用手电筒分别照看三朵云(编号1、2、3)中的小鸟,找出最容易看清楚的小鸟,将这片云朵插在笑脸标记处;找出最不容易看清的小鸟,将云朵插在哭脸标记处。

图3　教师介绍实验要求

（2）幼儿尝试做实验。

图4　幼儿做实验

（3）小结：云层比较薄时，阳光能够穿透云照射，所以它的颜色是白色或者是透明的。但是当它们变得太厚时，阳光就不能通过，它们看起来就是灰色或黑色的。

2. 重点提问

云是怎么形成的？

（1）教师播放视频"云的形成"，请幼儿边看边思考云是怎么形成的。

（2）师幼交流：教师用图片展示幼儿在视频中的发现。

图5　师幼共同完成云的形成示意图

（3）小结：海洋、植物、土壤中都有水，被太阳照射后，变成水汽，进入大气层。水汽升的高度越高，它的温度越低，最后水汽变成了小水滴，小水滴的温度再降低就变成了云。

三、看云识天气

（环节意图：了解云与天气的关系）

1. 重点提问

天上挂着什么云，就将会出现什么天气。请你们来看看这些云代表什么天气？

2. 教师出示 PPT 课件

教师出示晴天、雨天、阴天的 PPT 课件，师幼共同交流云与天气的关系。

3. 教师小结

云是天气的标志，看云就会知道我们该做些什么准备。

四、经验拓展

（环节意图：激发幼儿继续观察云的兴趣）

教师出示 PPT 课件：不同天气的符号，师幼讨论不同的符号各代表什么天气。

图 6 师幼讨论天气符号

　　1. 教师在活动中使用的"云的示意图"，对幼儿理解云的基本特征有何具体的帮助？

　　2. 尝试用画"思维导图"的方式整理你对云的认识，再为小、中、大班设计相应的科学活动。

● 活动反思

　　云是幼儿常见的自然现象，孩子们也会对云产生很多问题。本次活动从云的特征、大小、厚薄来进行设计。在活动中，教师先是让幼儿探索云的厚薄，然后让他们了解云的形成，最后延伸到让他们了解云与天气的关系。因为是中班，如何让幼儿了解这些内容是值得思考的问题。于是我们的关注点在如何设计准备具体教学的材料，来帮助幼儿理解。在准备云的材料时,我们尝试用过纸、棉花等,但都因为透光性的问题而放弃了。最后选用透光性比较好的塑封纸,使得今天的活动目标得以达成。

活动评析

本次活动中可圈可点的地方就是老师使用了示意图,来帮助幼儿理解云的形成。不过,在具体使用示意图的过程中,有几点需要注意:首先,示意图的出示需要精心设计,应避免对幼儿造成干扰,比如示意图中的图片可以考虑直接呈现出来。其次,示意图中的图标应当精准,比如水蒸气的图标,应体现出"水汽"的意思,直观明了。

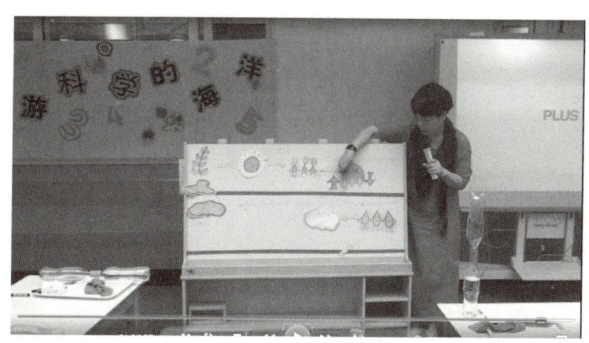

图7 专家点评

最后,最为关键的一点就是云的形成,活动中对于上升与下降的图标的说明需要调整,并非水蒸气往上升温度就越来越低,而是水蒸气在上升的过程中,高空中的气温越来越低。而且还应当强调,云就是好多个水珠聚集在一起,云的厚薄说明水珠的多少。为此,在活动中,即使我们设计准备了合适的材料,也要注意教师的语言。教师语言的科学性、准确性很重要,教师的科学素养也很重要,因为这在一定意义上将直接决定着幼儿科学素养的获得与发展。

(点评专家:蒋静)

扫一扫,获取现场
活动视频

有趣的漩涡（大班）

陆 慧

活动目标

1. 探索和发现漩涡产生的现象与简单原因，仔细观察漩涡的不同形态。
2. 在探究中体验交流与合作的乐趣。

活动准备

1. 物质准备：塑料瓶及连接器、盘子、水、记录纸、笔等。
2. 视听资源：漩涡形成的视频；有关漩涡的 PPT；《美丽的螺旋》绘本 PPT。
3. 经验准备：幼儿收集过关于漩涡的信息。

活动过程

一、活动导入：漩涡是怎样的——引起兴趣

重点提问：你们看到过漩涡吗，漩涡是什么样子的？

二、第一次实验：制造漩涡——探索与发现

1. 安装漩涡瓶

交代实验要求：

（1）两人一组，按照制作漩涡瓶的步骤图进行安装。

（2）提醒幼儿相互检查瓶盖是否拧紧。

图1 幼儿合作安装漩涡瓶

2. 第一次实验：怎样制造漩涡

幼儿两人一组，自主分工，确定谁来做实验，谁来做记录。

（1）实验的任务：用好办法让瓶子里的水变出漩涡来。

（2）记录的任务：把漩涡的样子在红色的纸上记录下来。

图2　幼儿制造漩涡　　　　　　　　　　　　图3　幼儿记录漩涡

3. 交流分享

（1）你们玩出漩涡了吗？介绍一下你们的发现。

（2）你们在实验中遇到了哪些困难？

图4　幼儿介绍用不同的方法制造出了漩涡

小结

　　大家愿意分享实验方法，愿意分享自己的不同发现，更敢于提出自己的问题，真是太棒了！

4. 经验提升

幼儿观看视频，了解漩涡的形成。

（1）**重点提问**：你看到的漩涡是什么样的？你使用了什么方法来制造漩涡？

图5　与幼儿交流漩涡形成的方法

先将瓶子倒过来，再来摇一摇，就可以制造出漩涡。

（2）出示漩涡图片：让幼儿观察不同的漩涡，并思考漩涡形成的原因。

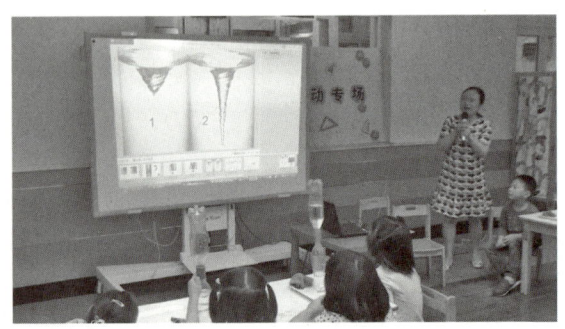

图6　观看大小不同的漩涡的图片

三、第二次实验：合作探索大漩涡

（1）**重点提问**：怎么玩，可以玩出长尾巴的大漩涡？

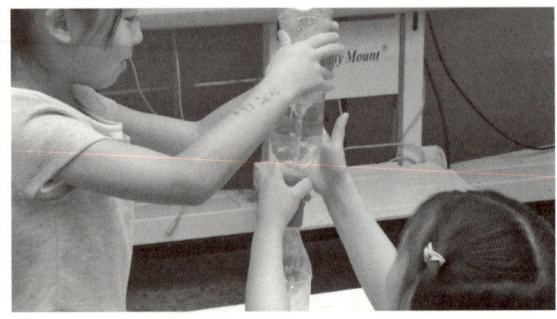

图7　幼儿合作制造大漩涡

（2）教师介绍记录表，请幼儿思考玩出大漩涡的方法，并做好记录。

图8　教师介绍记录表的内容

（3）幼儿合作玩出大漩涡。

图9　幼儿介绍制造大漩涡的方法

（4）小结：这是一种螺旋的转动方法，快速、用力地转动，就能变出漩涡。

（5）幼儿观看视频，巩固对漩涡的认知。

四、第三次实验：记录漩涡不同的样子

（1）交代要求：从不同的角度（上、中、下）看漩涡，并把漩涡的样子记录下来。

（2）幼儿做实验，并记录实验结果。

（3）幼儿讨论交流自己的发现。

重点提问：你观察到的漩涡是什么样的？你用了哪些形状和线条来记录？

图 10　幼儿分享自己的记录

（4）小结：漩涡是一种有趣的螺旋形状，从不同的角度看漩涡，它们的样子都是不一样的。

五、联系生活，迁移经验——有趣的螺旋

（1）找一找生活中螺旋形状的东西。

（2）欣赏科学绘本《美丽的螺旋》。

图 11　师幼共同欣赏绘本《美丽的螺旋》

想一想

1. 幼儿在实验过程中，遇到了哪些困难，教师是如何帮助孩子去解决这些问题的？

2. 在本次活动的最后环节，教师与幼儿一起欣赏了科学绘本《美丽的螺旋》，你认为是否有必要，请说明理由。

活动反思

《指南》中指出，科学领域的核心是激发探索兴趣、体验探究过程、发展探究能力。这个

活动的重点在于让幼儿亲身体验,通过三次实验来实现:第一次实验解决的是方法问题,第二次实验是让幼儿了解漩涡形成的方法,第三次实验主要是让幼儿从不同的形态了解漩涡。实验结束后的设计,是要让幼儿建立"科学是在生活中"的观念,让科学学习回归生活。活动最后,通过绘本的阅读来帮助幼儿迁移经验,将活动中获得的有关漩涡的认识,再迁移到另外一个概念——螺旋,既帮助幼儿拓宽眼界,也让幼儿加深今天所学的印象。

活动评析

我从四个方面来谈一下这个活动。首先,老师寻找了很久才选择了这个实验材料(漩涡瓶)。而且,活动中的三次实验她都亲自反复实验了很多次,这充分体现了老师严谨的科学态度。

其次,活动设计层层递进,体现了大班幼儿的思维水平。就科学学习的内容来说,大班幼儿已经进入对事物之间关系的探索上。在整个活动中,包括运用记录的方式,充分体现出科学活动对大班幼儿思维品质的推进和发展的意义。为了让幼儿的思维获得从先行动后思维,到边行动边思维,再到先思维再行动的发展,老师在本次活动中不断引导幼儿去探索螺旋的形成原因及不同螺旋的形状,并运用了假设、实验验证、得出结果的方法来推进。

此外,说一下老师的"明知故犯"。本次活动的时间稍有点长,但是在活动中幼儿表现出了极大的兴趣。在活动结束的时候,老师还是想对幼儿的经验进行拓展,为此将《美丽的螺旋》这本绘本介绍给孩子们。

最后,有一点需要指出,当老师介绍大漩涡的视频时,让孩子们拍拍手,这个回应是欠妥的。此时,老师更应当提醒幼儿注意安全,而不是让幼儿拍手。另外,在活动中,老师没能为幼儿提炼出漩涡形成的原因,也没能让幼儿获得漩涡是与力有关的经验。

(点评专家:蒋静)

扫一扫,获取现场
活动视频

幼儿园科学活动环境与材料的创设与利用
蒋 静

先来看研讨题目"幼儿园科学活动环境与材料的创设与利用",如果我们把科学活动四个字屏蔽,"环境与材料的创设与利用"本身就是现在幼儿园要做或者正在做的一篇大文章。随着教育理念的转变,老师正在逐渐"退后",老师"退后"了教育要怎么做? 其中很重要的一点就是要让环境说话,也就是说老师要把自己的课程、教育的思想隐入环境中。因为它与我们现在倡导的"对幼儿能力的培养"是相关的。以往,很多内容需要老师去说去教,我们把这称之为"灌输";现在我们把同样的课程内容隐含在环境中,让环境跟幼儿去互动,这样的转变能使我们更关注幼儿自身的发展,我们会引导幼儿自己提出问题,进而展开一系列学习与探索的过程。

幼儿园的课程围绕着幼儿发展的需要,那么我们根据幼儿的发展需要将课程内容分成五大领域。我将五大领域形象地比喻为一个人的头、躯干和四肢,如果一个人缺掉其中的一部分,不能真正意义上称其为完整的人。我们的课程是完整的,也就是说幼儿只有在这五大领域中均衡发展,才能够和谐健康地成长,但是五个领域又有各自不同的发展的价值和意义。我们今天谈科学,首先应该非常明确地去了解科学领域或者科学活动,究竟要让幼儿学习什么和获得什么经验。

一、环境与材料对培养与发展幼儿科学素养的意义及其作用

(一) 获取广泛的科学知识

在科学活动中,幼儿能获取广泛的科学知识,主动建构表象水平上的初浅的科学概念,学习科学的方法和技能,并获得能力的发展。比如,"调皮的海绵宝宝"活动能帮助幼儿感受初浅的关于海绵的科学概念;"神奇的云"活动可以帮助幼儿获得有关云与天气的初浅的科学概念。

【案例: 奥莉安娜号邮轮】

我记得我还在当老师的时候,有一次开车去上班,听到一个新闻说上海刚刚改革开放,国外奥莉安娜号邮轮进入上海,要从上海吴淞码头进港,在九点到十点之间通过杨浦大桥。

邮轮在我们那个年代还是非常高级和稀奇的。

我当时一听这个消息,回去就跟园长汇报,我要带孩子出去了。我联系了一个家长借了辆车,带着孩子们就开到杨浦大桥去看邮轮。我们到了那里就看到邮轮停在杨浦大桥下方并未停到码头。其实这就引发了一个问题,为什么不进码头,它在等什么?原来是在等退潮。桥的高度不变,这么大一艘船,只有等退潮了,水位降低了,才能顺利通过杨浦大桥。就在看邮轮的现场,孩子们对月亮和潮水的关系有了亲身的感受和了解。这样的学习让孩子们和老师都很开心。孩子们开始玩建构游戏——做邮轮,包括大型邮轮边上的许多救生小船,也通过折纸的方式做好。

通过这个案例可以说明幼儿科学是通过让幼儿亲身实践来认识科学知识的一种活动,幼儿可以从中获得一些初浅的科学概念。而且,在学习科学的过程中,幼儿也习得了一定的科学方法和技能。老师在做科学活动时,一定要对活动的目标价值有牢固的把握。比如,在"有趣的漩涡"活动中,可能有的老师会说孩子们玩游戏那么开心,为什么还要让他们做记录?其实,活动中的记录,就是让幼儿学习科学的方法。孩子们要学会把自己看到的现象记录下来,就像科学家做实验一样,既要关注这是一种现象,然后又能去思考这个现象背后的意义。在此,需要老师们明白的是,不应为记录而记录,而应是指向幼儿的一些科学方法与技能的获得。如果我们能够把这样的一些理念运用到日常生活中或区角活动中,就能给幼儿更多交流讨论的机会,这对幼儿的能力的发展是非常有价值的。

(二)发展幼儿的好奇心和自信心

科学活动有助于发展幼儿的好奇心,并能让他们感受到自己的能力。比如在"有趣的漩涡"活动中,孩子们在摇"漩涡瓶"以制造"大漩涡"的过程中,就能充分感受到自己的信心与能力。尤其是当幼儿成功完成一个实验的时候,他们是非常开心的。在开心的过程中,他们还获得了更有价值的东西,就是自信,这对于幼儿来说是非常重要的。如果老师有了这个意识,当幼儿获得成功的时候,就可以说"这么难的你都做出来了,你真棒",这样的话会让幼儿,尤其对那些平时看起来不自信的幼儿的自信心和自我意识的培养有极大的益处。

比如有位非常优秀的青年教师,她在组织活动的整个过程当中非常关注对孩子的能力、愉悦的情绪体验的一种养成。她常常对孩子说这样的话:"你看你们真是一个会做实验的孩子","小朋友这个怎么办?试试?我知道你们碰到任何事情都不怕难,都会想到试一试,这是一个非常好的科学的态度",她会不断地将这样的一种自信传递给幼儿。再比如在"海绵宝宝"活动中,老师问孩子们这块大海绵能不能塞进小小的杯子当中时,鼓励孩子们去试一试。试一试是一种非常好的态度,也是让孩子们不断地去面对未知世界、去学习新知识的一个重要的品质。我们现在会发现有的幼儿拿着袋子一打不开,就寻求老师的帮助,说"你帮我",有的时候你可以跟他说"你试试看"。像这样的情况,你就要不断地鼓励幼儿。为什么现在的科学理念说要培养的幼儿能力就是幼儿长大后的一种能力,因为要让幼儿知道未知世界太大了,知识是学不完的,在面对未知的世界时,我们应该采取的态度是——没关系,我试一试。因为试一试,可能会柳暗花明,这是现代人必须具备的一种非常重要的品质。因此,老师首先应当先了解科学活动对幼儿的发展价值是什么,然后在科学活动中,可以尝试运用这样的方式去鼓励幼儿尝试、探索、发现,从而获得发展。

总之,创设和提供环境和物质材料是幼儿园开展科学教育活动的关键因素。

二、支持幼儿科学学习的环境与材料

(一) 环境

幼儿园现在都非常注重环境,通过环境基本上就能了解这所幼儿园的品质,或者说能够了解这所幼儿园在对幼儿进行教育过程中采用的一些方法以及教育内容的丰富性。

就科学活动环境而言,它是我们现在比较薄弱的一块。幼儿园环境的创设从门厅、门廊、走道、专用活动室、再到班级活动室应是一个整体。我们以前说的环境就是班级活动室环境,幼儿所有学习的发生基本上都在班级活动室里。随着我们理念的转变,我们的科学活动开始走到室外,走向田园,我们打造的是整个园所的环境。在这样的一种背景下,科学活动的环境将走向一个更加立体的综合的环境。

就一所幼儿园来说,能够支持幼儿科学学习的环境,除了班级活动室以外,还有科技活动室、科学廊厅、科学探索室、科学桌、科学角、种植园、自然角等。然而,当前幼儿园的专用活动室更多的是美工室、音乐舞蹈室、图书室,专门的科学探究室较少,这也反映出我们当前的科学环境是有一些缺失的。如果幼儿园空间有限,我们可以在走道加入科学元素,让它成为科学廊厅。

我们已意识到科学环境是可以无所不在的,如果我们有这样的思想意识,我们便可以因地制宜。比如有位男教师,他打造的班级环境让人印象深刻。当你走进他的班级,你真的能够感受到班级里科学氛围的不一样。他的班里有一个很长的玩具橱,他把这个玩具橱用板分割成几块做了一个苹果树,然后在苹果树上用灯泡点缀,以此代表苹果,下面用一排开关进行控制。哪里的灯泡亮了,就代表苹果熟了。他让幼儿先想好让哪里的苹果熟,然后帮幼儿圈好,圈好了以后再让幼儿去研究这些电路。如果一连接过去正好是这个回路的话,这里的灯泡就亮了,表示苹果熟了。小朋友很开心,有了探索的兴趣。后来我就问他这个在我们眼里非常高大上的东西是怎么来的,他说是自己动手做的。所以我就在想男教师进入幼儿园,在科学领域上可以充分发挥男性的优势。

幼儿在教师创设的环境中能感悟科学,能够进行操作体验。教师要打开环境创设的思路,为幼儿构建更为丰富的科学环境。也就是说,一个好的老师一定具备整合课程的能力,具备在一日活动中融入课程的能力和意识,以及创设环境的能力。

(二) 材料

由于老师自身可能缺乏科学知识,一说到科学角要么是将蛋泡在醋里,要么就是弄点油盐酱醋闻闻味道,要么就是糖和味精水加在一起溶解,要么是沉浮实验等。其实,科学无处不在,当我们要开展科学活动时,应思考创设科学的环境和提供科学的材料,不要聚焦于教会幼儿哪些科学知识,而是更应当关注可以为幼儿的学习提供什么样的支持材料。幼儿不是被动的接受者,他是积极主动的探索者,你只要将材料提供给他,他就会去关注、去探索,所以老师应把大量的可供操作和探索的材料提供给幼儿。比如,"我的收藏"活动,孩子们从家里带来了一些东西,我们让他自己摆放,去探索学习。对孩子们而言,见到一张糖纸、一块石头、一个松果,甚至蝉和蝉蜕,都能使他们兴奋不已。因此,科学活动的材料无处不在,我们应当为幼儿提供大量的科学的环境和材料,满足幼儿对自然界的探索需求。

这里分享一些常见的科学探索材料:①动植物的标本,如种子、树叶、花卉、果实、昆虫、鸟兽等;②实物材料,如各种岩石、矿物、贝壳、纵横切面的树段;③探索光的材料,如放大镜、平面镜、凹凸透镜、三棱镜、万花筒、调色板、调色盘、颜料、望远镜、显微镜等;④探索磁和电现象的材料,如各种磁铁(马蹄形、棒状、条状、环状);⑤探索声的材料,如乐器(三角铁、小铃、木鱼、锣、金属片琴、二胡等)、发声器和竹声器(音叉、竹板、传声筒)、敲击用的鼓棒(木棍、金属棒、竹条等)以及有关声学的科学产品;⑥探索力的材料,如定滑轮、动滑轮、斜面板、天平、机械手、不倒翁、小推车、小降落伞、陀螺等;⑦探索物质形态及其变化的材料,如水、油、牛奶、醋等液体材料,蜡烛、冰块、奶粉、糖、盐等固体物质。

三、科学环境材料创设案例分享

(一) 从材料引发的活动案例

1. 镜子

我们可以利用镜子让幼儿感受镜子里的材料的变化,有时材料会变得很多,有时材

图1 镜子

料会变得很少。有一个非常经典的故事——爱迪生救妈妈,就是与镜子有关的。爱迪生的妈妈要动手术,由于光不够亮,爱迪生便拿来了一个蜡烛,并利用镜子的反射让光变亮,后来母亲得救了,这说明爱迪生从小就有科学素养。我们且不管故事的真假,但是通过镜子之间不断地重叠造出很多影像的现象是可以让幼儿感知和探索的。

此外,我们可以利用镜子把光请进教室里来,这样镜子动一动,幼儿就可以看到光点也会随着动。

2. 磁铁

教师提供一种塑料垫板,拿一块磁铁放在垫板下面,然后在垫板上面放一个跳舞的小人或者一个小白兔,这样幼儿在移动磁铁的时候,小人或小白兔便开始"跳舞"。

教师先让幼儿选择一个瓶子,在瓶子里投入一个纸质的小青蛙,在小青蛙上别一个小别针,最后让幼儿通过磁铁把小青蛙拯救上来。这也是利用磁铁开展的活动。

图2是一个磁力小车的案例。

· 用KT板和立体积木做成停车场,并在玩具汽车底盘上固定磁铁。用磁铁从KT板下吸引玩具车按照路线开出停车场。
· 也可以将车子改为小动物,边讲故事边选择小动物,按照跑道路线前进。

图2 磁力小车

3. 纸飞机

怎么样可以让纸飞机飞得远?这与做飞机材料的材质、飞机的头、翅膀的轻重都是有关系的。教师可以让幼儿先自己试飞一下，然后去探究怎样可以让飞机飞得又稳又远。在这个活动中，教师可以引导幼儿了解飞机的飞行是与重力、空气有关的。

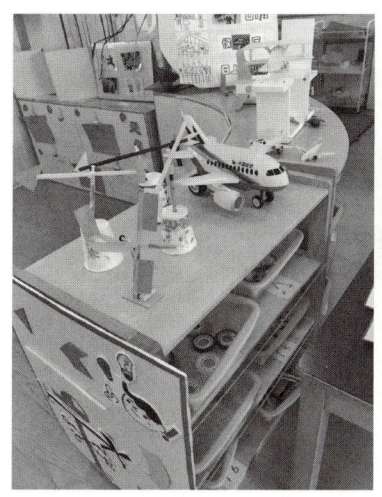

图3　纸飞机

4. 力和运动

力和运动是生活中最常见的自然现象，可以利用不同的材料开展活动。例如使用斜面来探索省力的方法。

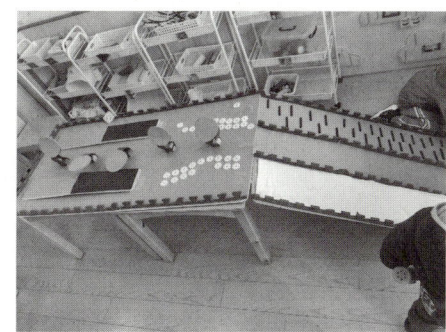

图4　力和运动

又如多米诺骨牌，它是非常好的探索力和运动的材料。玩多米诺骨牌的过程，其实是一个力的传导的过程，在这个过程中考量的是幼儿的综合能力：既有目测的能力，也有控制材料的能力，还需要特别有耐心。

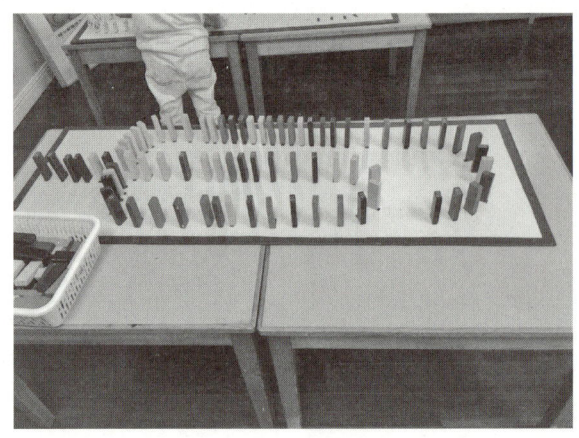

图 5   多米诺骨牌

图 6   空气和力

5. 空气和力

比如利用空气的冲力把火箭发送上天。具体操作方法是将纸卷成一个尖筒,其中一端制作成火箭的样子,在另一端套上一个塑料袋,并用橡皮筋扎好,再利用空气冲力把火箭给送上去。像这样的一种游戏活动,幼儿会很喜欢,而且材料也容易获得。但是在这个过程中,孩子们可能会经历失败,老师就需要不断地鼓励幼儿去发现到底是什么问题,这就需要幼儿经历分析、研究、再实验,然后在实验当中反思,反思之后再调整,调整以后再分析这样一个过程。可见,幼儿在活动中的收获是多元的、全方位的。图中的利用打气筒使汽球飞上天的活动也是空气和力的探究内容。

6. 声音和空气

教师可以用大纸板箱或其他材料与各种各样的管子组合做成传声筒,然后让两个以上的幼儿进行游戏,一个幼儿对着里面讲话,另一个幼儿去倾听,感受不同材质产生的不同声音,管子粗细不同、长短不同也会带来不同的感受。

以上这些活动可以在班级里随处开展,教师应鼓励幼儿去探索将不同材料连接变长的方法。

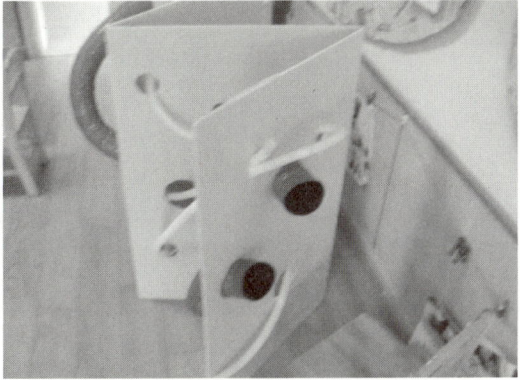

图7　声音和空气

（二）科学学习环境打造

1. 小农庄

图8　小农庄

　　在幼儿园创设小农庄是一个很好的想法。幼儿一年四季都可在小农庄里进行种植：挖土、撒种、浇水、锄草、收获……。在小农庄，教师还可以观察幼儿是如何去感受科学的，是如何去与大自然亲近和照顾植物的。科学活动应与日常活动相结合。

图9　种植园地

　　大多数的幼儿园为幼儿种植活动创设的是种植园地和自然角。小小的一块地方，像一个浓缩了的自然界。

2. 科学活动室

　　科学活动室也被称为科学探索室、科学发现室等，是指在幼儿园建立的、专供幼儿进行个别化科学活动的场所。由于进行科学探究活动需要一些专用的材料或设备,有些材料或设备是平常比较容易摆放和收藏的,但是也有一些材料或设备是体积比较大,也比较难以取得和存放的,都可以将它们放在专用科学活动室内。科学活动室为儿童再现了生活中科学的一些内容,在科学活动室内,幼儿可以充分地去发现,这不仅有利于幼儿经验的积累,也有利于培养幼儿积极主动的探索精神。

图10　科学室

3. 温室

温室,又称暖房或暖棚,是指有防寒、加温和透光等设施,供冬季培育喜温植物的房间。主要用于非季节性或非地域性的植物栽培和观赏植物栽培等。在幼儿园创设这样一个温室,可以使幼儿能了解到多种在本地区不常见的植物,既开拓了幼儿的眼界,使幼儿了解到还有很多我们在周围环境中见不到的东西,同时也激发了他们的好奇心,激发幼儿不断探究的精神和能力。

除此之外,幼儿园还可以创设无土栽培室等有关利用现代技术种植的场所。

图 11　温室

4. 科学长廊

创设科学长廊可以让幼儿浸润在浓浓的科学氛围中。科学长廊可以根据需要设置多个板块。例如由多个科学墙板组成,涵盖电力、动力、磁力等各方面的内容,成为幼儿学科学、用科学、了解科学的场所。例如图 12 中的植物长廊,浓缩了多种植物,以及有关的一些小动物和昆虫,让幼儿置身于一个自然的情境中,感受到平时生活中难以接触的经验与体验。还可以让幼儿通过看一看、说一说、想一想、做一做、玩一玩等多种形式进行探究。

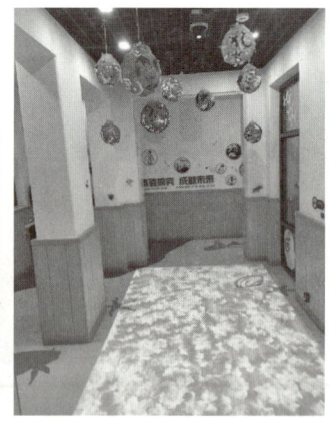

图 12　科学长廊

科学长廊作为全园共享资源,满足了各年龄段幼儿的需求,不同年龄的幼儿都可以在这里得到不同的体验。幼儿园应该动态地创设科学长廊,以满足幼儿不断生长的需求。

另外,大多数的幼儿园还会用科学桌或科学角的形式,以满足不同年龄班幼儿的探究需求。

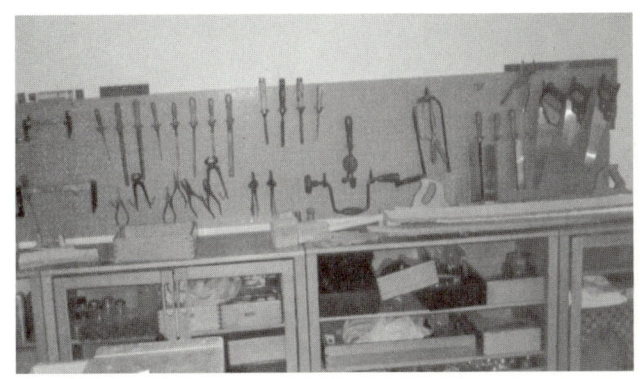

图 13　科学角

总之,科学活动的开展有很多的途径,科学素养对幼儿的成长非常重要。

千姿百态的水

1. 大多数幼儿都喜欢玩水,请思考以"水"为主题,可以为小、中、大班幼儿提供哪些材料、创设什么样的环境来支持幼儿对水的探索?

2. 寻找自己所在幼儿园环境中的科学元素,思考可以如何改进?